雷锋

一个时代的楷模

华东方 ◎ 著

中国海关出版社有限公司
·北 京·

图书在版编目（CIP）数据

雷锋：一个时代的楷模 / 华东方著. —北京：中国海关出版社有限公司，2023.7

ISBN 978-7-5175-0691-1

Ⅰ.①雷… Ⅱ.①华… Ⅲ.①学习雷锋—学习参考资料②雷锋（1940-1962）—生平事迹 Ⅳ.①D648

中国国家版本馆CIP数据核字（2023）第096333号

雷锋：一个时代的楷模

LEIFENG: YIGE SHIDAI DE KAIMO

出品人：韩　钢
作　者：华东方
责任编辑：叶　芳　刘　婧　刘白雪　景小卫
责任印制：王怡莎
出版发行：中国海关出版社有限公司
社　址：北京市朝阳区东四环南路甲1号　　邮　编：100023
网　址：www.hgcbs.com.cn
编辑部：01065194242-7531（电话）
发行部：01065194254/4238/5127/5616（电话）
社办书店：01065195616（电话）
https://weidian.com/?userid=319526934（网址）
印　刷：北京盛通印刷股份有限公司　　经　销：新华书店
开　本：710mm × 1000mm　1/16
印　张：16　　字　数：210千字
版　次：2023年7月第1版
印　次：2023年7月第1次印刷
书　号：ISBN 978-7-5175-0691-1
定　价：85.00元

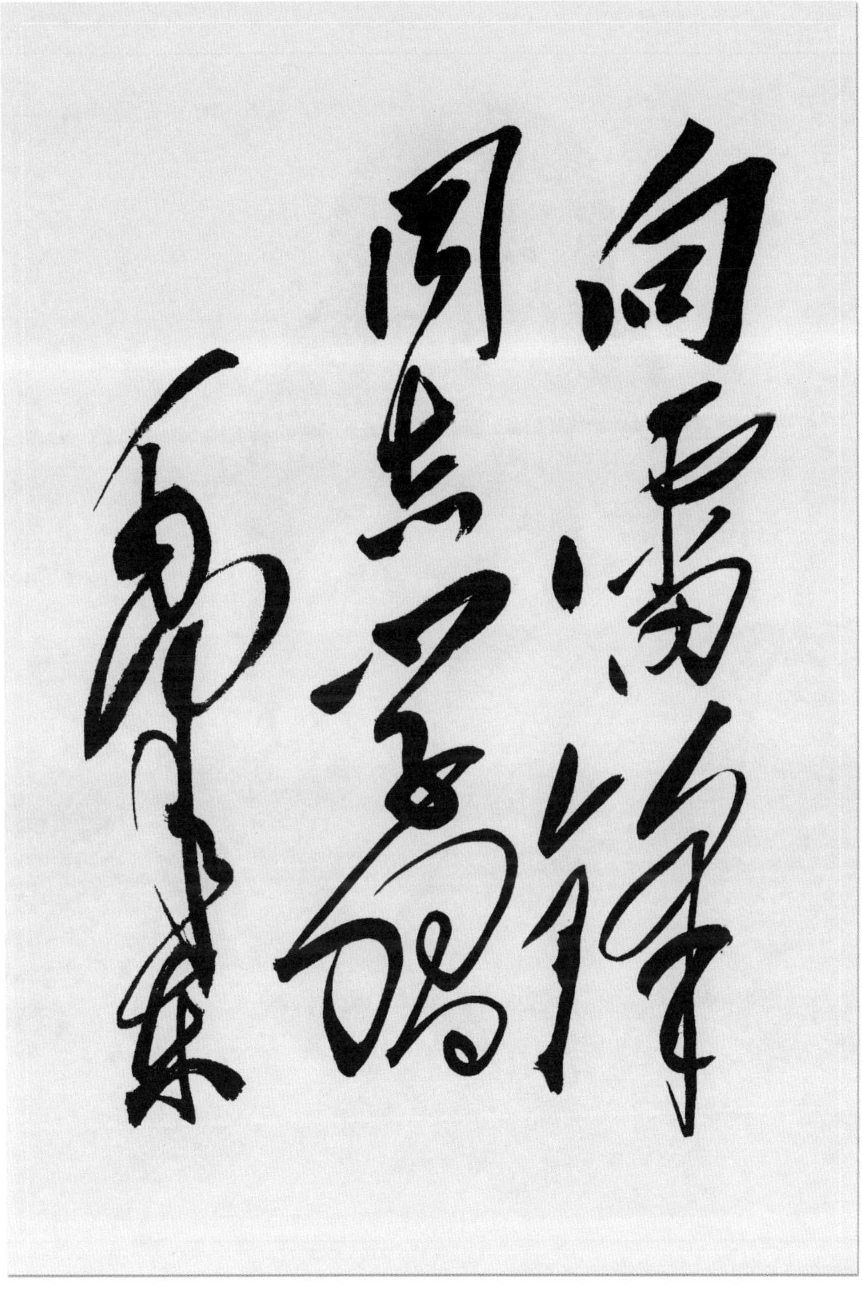

1963 年 3 月 5 日，《人民日报》等报纸发表毛泽东主席题词“向雷锋同志学习”

伟大的共产主义战士——雷锋

前言

2018年9月28日，习近平总书记在参观抚顺雷锋纪念馆时指出："雷锋是一个时代的楷模，雷锋精神是永恒的。"[①]这是对雷锋榜样和雷锋精神的历史定位、时代定位和价值定位。

在党的历史中，雷锋是由党的领导人题词、讲话号召学习的青年战士和先进榜样。雷锋精神作为中国共产党精神谱系中的一个闪亮坐标，对在新时代培育和践行社会主义核心价值观，立德树人，传承红色基因，赓续红色血脉，培养造就德智体美劳全面发展、堪当民族复兴大任的时代新人具有示范引领作用。同时，为建设社会主义现代化国家，实现中华民族伟大复兴的中国梦提供强大精神动力。

《雷锋：一个时代的楷模》由雷锋的100余张照片和60个故事组成，全景式展现了雷锋阳光向上的平凡而又伟大的人生。这种图文并茂的手

① 杜尚泽：《习近平：雷锋精神是永恒的》，《人民日报》客户端2018年9月28日。

法，形成了作品的独特风格。可以说，这是一部以雷锋为题材的，集史料性、情节性为一体的叙事作品。

本书由雷锋从1940年12月18日出生，到1962年8月15日殉职，22年的人生故事组成。书中的60个故事和100余张照片，基本反映了雷锋的一生。

本书中的故事，是按照时间顺序排列的。这些故事，90%以上发生在中华人民共和国成立之后，其中，30%发生在雷锋的家乡湖南省望城县，70%发生在辽宁省的鞍山市、辽阳市、营口市、抚顺市、铁岭市和沈阳市。这些故事是有血有肉、有头有尾的，是真实、立体、客观的。这些故事，有苦难的、有曲折的、有彷徨的，但更多的是向上的、阳光的、进取的。

本书中的100余张照片具有代表性，是从雷锋生前留下的350多张照片中筛选出来的。有雷锋少年儿童时期的，有他在家乡当公务员和拖拉机手的，有他在鞍钢当工人的，大部分是他当解放军战士时期的。在此，感谢有关摄影师及家属的大力支持。

雷锋的照片很多，雷锋的照片也很美。许多人是通过照片熟悉雷锋、认识雷锋、学习雷锋的。有人问，雷锋的照片这样吸引人，难道有什么独到之处吗？雷锋的照片，所反映的都是生活中普普通通的事，如读书、扫地、打水、擦车、站岗、放哨等。然而，雷锋的照片又有些不一样，有迷人的地方，有一股精气神。

借助故事讲述雷锋的人生，不是什么创新，甚至已经是司空见惯的事情了。但用60个故事和100余张照片系统、完整地讲述雷锋的人生，是前所未有的。因此，本书具有新意，展现了雷锋的风采，体现了新时代雷锋精神传承的价值。

本书是故事性文体，具有普遍性和全民性，既适合少年儿童阅读，也适合成年人阅读；既适合家长与孩子一起阅读，也适合几代人一起阅读；更适合集体阅读。

让我们一起阅读雷锋的人生，了解雷锋成为一个时代楷模的历程。让我们认识、理解和学习雷锋，延续和传承雷锋精神，在实现党的第二个百年奋斗目标的新征程中，从雷锋身上汲取奋进前行的力量，用雷锋精神激励革命热情和干劲，为中华民族伟大复兴做出应有贡献。

目录

01

三个名字

少年时的雷锋

雷锋一生有三个名字，分别是庚伢子、雷正兴和雷锋。他出生在湖南省望岳乡简家塘，当地解放后改名为望城县安庆乡简家塘。

雷家是个世代为农的佃户人家。1940 年 12 月 18 日，在简家塘一个破旧的茅草屋里，一个顽强而健康的小生命呱呱落地。

雷锋的祖父和父亲、母亲一起给他起了一个吉祥而响亮的名字——雷正兴，希望这个孩子使家庭兴旺发达。正逢这一年是"庚辰年"，他的小名也就是乳名，叫庚伢子。这就是雷锋最初的两个名字的由来。

伢子在当地是小孩的意思，就像漫山遍野的小草芽子、小树芽子一样。伢子的命运甚至不如自由生长的小草、小树、小花，很可能会像圈

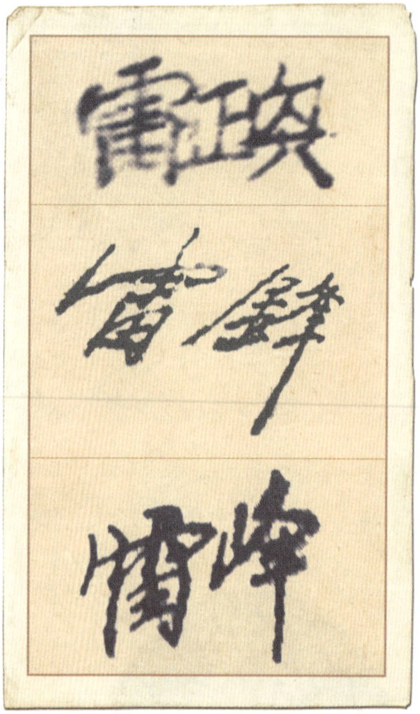

雷锋手迹

养的牛马一样没有自由、任人践踏，然而又具有极强的生命力。

太阳出来了，明媚的阳光照耀着家乡的山山水水，温暖着大大小小的生灵。1949年，雷锋的家乡解放了，雷锋和他的乡亲们当家做了主人。土改时，政府分给雷锋土地、房屋和衣物。

1950年，成为孤儿的雷锋已经十岁，到了上学的年纪。这时，乡长彭德茂送他去免费上学。

1956年秋，雷锋高小毕业后，经乡长彭德茂的推荐和望城县委组织部的考核，被调到县委机关，在县委书记张兴玉身边当公务员。这时候的雷锋感受到革命大家庭的温暖，觉得自己已经不是孤儿了，想把名字改一改。他征求了县委书记张兴玉的意见，决定将名字中的“正兴”改为山峰的峰，即“雷峰”。

1958年是全面贯彻“社会主义建设总路线”的一年。11月，雷锋报名去鞍钢。临行前，他想把山峰的“峰”改为先锋的“锋”，叫“雷锋”。他认为当一个钢铁工人，对国家的贡献更大，要在工人阶级的队伍里争先锋打头阵。他的这个想法，得到了时任望城县委书记赵阳城的支持。于是，他以“雷锋”的名字办理了人事关系和组织手续，前往鞍钢。这就是他的第三个名字。

02

苦难的庚伢子

雷锋是个苦孩子，他的苦难童年和家庭身世，是非常有代表性的，是旧社会千千万万穷苦百姓的缩影。

雷锋在简家塘出生时的茅草屋，是雷锋祖辈们居住的“庄屋”。那是一个有 12 间房的四合院，居住着四户人家，雷锋家住在右厢的三间。在当地解放后的土地改革中，当地政府和农民协会，把这三间茅草屋分给了雷锋。

雷锋的祖父雷新庭，是个老实巴交的农民。他租种地主唐四礤子的十亩田地，长年累月地在风雨之中劳作，还是难以维持一家人的生活。旧社会的高利贷和各种苛捐杂税，压得他喘不过气来，到了年关更是不好过。有一年腊月，唐四礤子又上门逼债，态度非常蛮横，一定要在年前清理债务，否则，就夺田收地。雷新庭又急又气，家里断了粮，最终卧床不起，因无钱医治，含恨而死。当时雷锋只有三岁。

雷新庭死后，一家人的生活重担都落在雷锋的父亲雷明亮身上。1944 年，日本侵略者占领了雷锋的家乡。雷明亮因反抗日本人抓挑夫，遭到了毒打，身负重伤。1945 年春天，他的病情不断加重，最终因无钱医

雷锋在湖南省望城县安庆乡（现雷锋乡）简家塘村的故居

治而死。那一年雷锋只有五岁。父亲死后，家里连买棺材的钱都没有。

祖父和父亲相继离开，家里只剩下雷锋的母亲带着三个孩子，生活极其困难。为了活下去，母亲一狠心，把年仅12岁的哥哥雷正德送到百里之外的机械厂当童工。雷正德小小年纪经不起繁重的体力劳动的折磨，不久，便得了“童子痨”（肺结核），还因体力不支，昏倒在机器旁。狠心的资本家，看“榨”不出什么油水了，就把他解雇了。从工厂回家以后，雷正德的身体一天天消瘦下去，没过多久就病死了。刚刚掩埋了哥哥的尸体，弟弟在母亲的怀里，也咽下了最后一口气。

雷锋不满七岁，只剩下唯一的亲人——母亲。母子二人相依为命，过着十分艰难困苦的生活。母亲张元满是个勤奋能干的妇女，插秧、种地、养猪、喂鸡、刺湘绣、打草鞋，样样都是一把好手。她一心想把雷锋抚养成人，可是地主唐四磙子并不想让他们母子过好日子，他把张元满骗去当用人，加以凌辱和迫害。张元满走投无路，悲愤至极，在一个中秋夜里，悬梁自尽。

此后，雷锋失去了所有的亲人，无依无靠，成为沿街乞讨的孤儿。

03

优秀少先队员

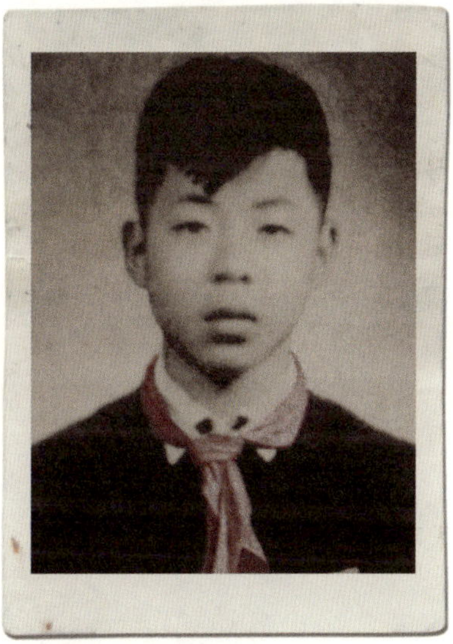
雷锋的第一张照片

通常，提到“小雷锋”，人们的第一反应是“苦孩子”。其实，这种说法有些笼统。雷锋儿童时期过得是很苦的，这指的是他十岁以前。中华人民共和国成立以后，在党的阳光雨露下，他快乐着、幸福着、成长着。

1949 年 8 月，雷锋家乡解放。不久，便开始了轰轰烈烈的土地改革。雷锋虽然还不到十岁，却积极参加土地改革，还当上了儿童团团长。他和小朋友们一起到村头站岗、放哨、巡逻，防止有人破坏，还跟土改工作队的队员学说快板书，唱《百子歌》，参加各种宣传活动。在土地改革结束时，乡政府分给他二亩四分地，还有房屋、家具和衣物。

1950 年夏天，雷锋家乡成立了人民的学堂。雷锋已经到了上学的年

1955 年“六一”儿童节，雷锋参加少先队活动（前排左一为雷锋）

龄。安庆乡乡长彭德茂和乡亲们送他去上学，当时他的名字叫雷正兴。

开学第一天，乡长彭德茂亲自送雷锋到龙回塘小学，对校长和老师讲述了雷锋的身世和苦难的家史，请他们关心这个孤儿，早日把他培养成才。

雷锋不仅努力学习，而且积极参加文体活动。和同学们一起演节目，还是腰鼓队的积极分子，热情地唱歌、跳舞、演讲。

后来，雷锋还成为少年先锋队的鼓手，在“六一”儿童节时，到长沙烈士陵园过队日，他虽然个子小，却背着大鼓走了十多里路。他样样活动走在前头，学校动员大家积极支援抗美援朝，他热烈响应，把自己平时积累下来的零花钱，总共两角，全部捐献出来。不要小看这两角钱，这可是他的全部“家当”。

1954年，雷锋考入距简家塘十里路的清水塘小学，上五年级。那个年代，农村的孩子能够上高小是一件很了不起的事情，在庄户人眼里，简直就是“大学生”。

1954 年 8 月，团组织在小学试点成立少年先锋队，雷锋由于表现突出，成为当地第一批少先队员。他光荣地戴上鲜艳的红领巾。可以说他是中华人民共和国的第一批少先队员之一。

雷锋在小学时期读过五个学校。第一个是龙回塘小学，地址是黄花岭下的刘家祠，因此也有人称其为刘家祠堂小学，距雷锋家所在的简家塘大约四里。

从 1950 年下半年到 1952 年上半年，雷锋在龙回塘小学读书，读到二年级第二学期。这个小学是当地解放初期，乡政府为了解决大量的失学儿童上学困难的问题而创办的，把祭祀的公共场所刘家祠堂的空房子改为小学的教室和办公室。两年后，雷锋因刘家祠堂改为他用而转学。

雷锋当年在龙回塘小学读书时的启蒙老师、班主任李扬益，1993 年 7 月在长沙回忆起雷锋当年上学的情景：

1950年初秋的一个早晨，我们正在张罗着学生报到，听到招呼声：“李老师，辛苦了！报名的学生还真不少！”我抬头一看，原来是彭德茂乡长，便连忙打招呼：“哟！是彭乡长啊，你这么早是送谁来读书呀？”“这个庚伢子不满七岁就成了孤儿，真是苦水里泡大的！我们研究了一下，决定免费送他读书。这孩子就交给你们啦。”“好！”我连忙回答。

只见在彭乡长身旁，站立着一个矮小的男孩，他穿着朴素洁净，圆圆的脸庞上，荡漾着喜悦的神色，浓黑的眉毛下，一对炯炯有神的大眼睛，不停地东张西望。

我看着雷锋可爱的模样，禁不住和他聊起来：“你叫什么名字？”“雷正兴。”“几岁了？”“快满十岁了。”“想上学吗？”“老师，我要上学，我要读书！”接着，我又向他提了几个问题，他都回答得很好。最后，我说：“好！从今天起你就是学生了，希望你好好学习。”

彭乡长抚摸着雷锋的头说：“庚伢子呀，过去穷人家的孩子要进学堂是不可能的，你家几辈子都没有识字的，现在，你可要发愤读书，学好本领，将来为建设好我们伟大的祖国出力。”“嗯！”雷锋点点头。

学校正式上课的那天，雷锋第一个来到了学校。“李老师！”雷锋很有礼貌地叫道。“雷正兴，你怎么来得这么早？快点进来呀！”

“老师，报到时彭叔叔和您对我讲的话，我回家后想了很久，毛主席是我们穷苦人的大救星。”

雷锋就读的第二个学校是上车庙小学，在简家塘东北约五里。1952年的下半年，他转学到这里，读完了三年级的第一学期，他在这里只待了半年的时间，由于校舍拆除，再次转学。

雷锋就读的第三个学校是向家冲小学，在简家塘东南约十里。从1953年到1954年，雷锋在这里学习了约一年半的时间，并初小毕业。雷锋在由上车庙小学转学到向家冲小学时，也是彭德茂乡长亲自送去的。

雷锋在向家冲小学读书时的班主任谭礼，回忆了当年与雷锋相识的情景：

1953年2月，寒冬过去，春天来了，柳丝吐出新叶，万物呈现一派生机，新学期开始了。彭德茂乡长领着雷锋到向家冲小学办理转学手续。只见雷锋穿着一双用稻草编织的“凉窝子”，头上戴一顶破棉帽子，衣服很破旧。

彭乡长向我们介绍了雷锋的苦难家史，我们便收下了他。我问雷锋：

“你能跑这么远吗？”（十里路）“我能跑！”他坚定地点了点头。我把他领进了教室。

雷锋个子不高，坐在教室最前排。他上课非常专心，学习很刻苦。他最爱听黄继光、邱少云、刘胡兰等英雄的故事。每当我讲英雄故事时，他总是流露出敬佩之情。

他经常在作文中写道：“我要向英雄学习，长大了全心全意为人民服务。”

最使我难忘的是，雷锋在腰鼓队参加训练的日子。学校为了适应形势的需要，决定成立一支腰鼓队，这可是一件吸引人的新鲜事。学校对腰鼓队的队员要求很高。雷锋因为个子矮小，影响队伍整齐，第一次没选上。他听说后很着急，再三向我请求：“谭老师，打腰鼓不是打一天两天就不打了，我慢慢地会长高的嘛！”我看着他焦急的神态，便问道：“你能背出来打腰鼓的点子吗？”他马上流利地背道：“咚波、咚波、咚咚波、咚波。”我看着他天真活泼的神态，见他心情迫切，便同意了他的要求。

在腰鼓队，他学花样、练动作格外认真，课余的每一分钟都不放过。下课了，他就在桌子边用手指头练节拍；放学回家，他又边走边在自己的小书包上敲起来。他终于成了一名出色的腰鼓队员。

在一次扩军运动中，学校的腰鼓队有了用武之地。我们带领腰鼓队员高举红旗，一路上高呼口号：“参军光荣！”“一人参军，全家光荣！”“中国人民解放军万岁！”来到黄塘适龄青年雷运生家，事先我们听说他家里对青年应征入伍的重要意义认识不足，不同意他参军。雷锋对雷运生的母亲说：“雷大奶奶，你不要哭，你儿子参军是好事，参军是为了保卫我们的幸福生活，雷运生在部队还能继续学习和锻炼。我长大了也要去当兵，做毛主席的好战士。”

接着，大家你一句我一句，雷运生的母亲想通了，决心送子参军。这次活动，上级领导非常满意。我们在活动总结时，对雷锋提出表扬，他立即站起来说：“我们穷人家的孩子搭帮党和毛主席，才成了新中国的小主人。我只不过做了应该做的事，我长大了也一定去参军！”

雷锋在向家冲小学留下了美好的回忆，做了许许多多的好事，表现非常积极，他当年的一些同学如今对他记忆犹新。

有一个叫刘中柱的同学，在1993年回忆时说：

雷锋的奶名叫庚伢子，上学时叫雷正兴。我与他是邻居，又是从小学一年级到六年级的同学。我和雷锋一同去向家冲小学补习。那时学校的条件很差，教室里的学生坐得满满的，我和他只能坐在课桌旁边当旁听生。虽然条件不好，但由于雷锋在学习上努力，成绩优异，当时的班主任谭礼老师对他非常好，他多次被评为优秀学生。后来以优异的成绩考上了清水塘小学。

雷锋就读的第四个学校是清水塘小学。这个小学在简家塘的东南，比向家冲小学更远，路途更艰难。雷锋是在初小毕业时参加高小的升学考试，被清水塘小学录取的。雷锋在这里只上了一个学期，也就是五年级的第一个学期，1954年的下半年。他在这里加入了少年先锋队。

雷锋当时的老师张仲明回忆道：

1954年秋季的一个天气晴朗的日子，望城县第二完小（清水塘小学）

五年级新生发榜。雷锋怀着激动的心情，一口气跑到学校，眼睛盯着红榜寻找自己的名字。这时，一位小伙伴先看到了他的名字，兴奋地喊起来："雷正兴，榜上有你的名字，你考上了！"雷锋考上高小的消息传到四面八方，亲戚邻居都祝贺他。

开学的第一天，雷锋换上了一件新衣服，迎着一轮初升的太阳，高高兴兴地向学校走来。他看着美丽的校园，听着同学们的欢声笑语，想起了自己的苦难家庭。他在一篇周记里写道："在那万恶的旧社会，我家受到了地主、资本家的残酷压迫，过着牛马不如的生活，祖祖辈辈没有进过学校门，更没有上学读书的权利。今天，我进高小读书了，多么幸福啊！我要为毛主席争光，为雷家争气，克服一切困难，认真读书，长大了，做一个有出息的人。"

雷锋是这样说的，也是这样做的。在清水塘小学读书的时候，雷锋只有十二三岁，个子不高，生活困难，他家住在黄花岭附近的简家塘，每天上学起早贪黑，来回要走几十里路。那时候的公路还比不上今天的乡村小道，行走不便，但雷锋总是每天天一亮就背上书包上学校。他早上要自己做饭菜，用竹子编的篮子装上，作为中午饭。雨天，他没有雨具和套鞋，就披一件破衣服，往往被浇得湿透。炎热的天气里，雷锋头戴斗笠，脚穿凉鞋，有时光着脚上学。冬天，雪地路滑，他脚上穿着一双烂布鞋连脚趾头都露在外面。为了走路不滑倒，他把草绳绑在鞋底，身上穿的是几件单衣破裤。雷锋从不旷课迟到。他那顽强的学习精神和毅力，实在让人感动。

多年后，同学和老师都清楚记得他的那些感人的事情。

有一次，雷锋在上学的路上，遇到一位上了年纪的老人，拖着一辆板车，车里装着满满的东西，在上一道土岭的时候，非常吃力。雷锋见此情景，立刻跑上前去，使出全身的力气帮助老人往岭上拖拉，之后，客气地叮嘱老人：“终于上来了，您老人家歇一歇，喘口气，一会儿下坡就省劲了，我该上学去了。”老人感动地说：“真是一个好孩子！你是谁家的孩子，这么小的年纪就这样懂事。我可谢谢你了，也感谢你的父母生了你这样一个有出息的孩子。”雷锋一边摆手告别，一边急忙往学校跑。因为帮助老人拖车耽误了时间，他赶到学校时，已经上课了。老师问他：“你是个一向不迟到的学生，为什么今天来晚了？”雷锋红着脸，没有做任何辩解，只是低声说：“老师我今后一定注意，保证不再迟到了。”

1954 年，学校少年先锋队大队部决定在五年级组建中队发展新队员。一连几天，班主任和大队干部组织同学们学习少先队的章程，讲解少先队的队旗和红领巾的由来，讨论加入少先队的条件，动员同学们以实际行动早日成为一名少先队员。每个同学都想早一点戴上鲜艳的红领巾。

雷锋比其他同学更积极，他处处严格要求自己，事事抢先带头。有一次，班级选派代表参加六年级举办的“我爱红领巾”的中队活动，同学们一致推选雷锋为代表出席。在活动中，他看到六年级的哥哥姐姐们佩戴着鲜艳的红领巾，在鼓号齐鸣的乐曲声中，高举着队旗，迈着整齐的步伐，走进会场，举行入场仪式。紧接着又进行了击鼓传花的知识问答比赛。一束鲜花正好落在雷锋的手上。在老师和同学们的掌声中，他走上前去，抽出一张纸条，上面写着：“请你讲一讲红领巾的意义。”他说道：“光荣的红领巾，鲜艳的红领巾，就是中国共产党无产阶级革命红旗的一角，是用无数的前仆后继的革命烈士的鲜

雷锋在荷叶坝完全小学合影（前排左三为雷锋）

血染成的。我要努力争取进入这个组织，成为一名合格的少先队员。”不久，学校举办了新队员的宣誓大会。学校的门口，张贴了新队员的光荣榜。雷锋榜上有名，成为五年级首批发展的队员之一。

正式宣誓那天，雷锋穿着一身干干净净的衣服早早来到了学校，精神抖擞地走进了会场。新队员入队宣誓的仪式开始了，老师带领新队员站立在队旗的前面，庄严宣誓，辅导员把鲜艳的红领巾一一佩戴在每个新队员的脖子上。

雷锋抚摸着胸前飘动的红领巾，无比激动。在新队员讲话时，他第一个跳上讲台说：“我心里有许许多多的话想要说，但激动得一时又不能说出来，我是个孤儿，今天光荣地入队了，从此有了自己的组织，孤儿不孤了。今后我必须努力学习，以实际行动，争取更大的进步，做一个优秀的少先队员。”

雷锋就读的第五个学校是荷叶坝完全小学，这是他就读的最后一个小学，也是他高小毕业的学校。荷叶坝完全小学在雷锋的故里简家塘西北约六里。雷锋是在 1955 年的上半年转学到这个学校的，在这里完成了小学五年级下学期和六年级两个学期的学习，于 1956 年 7 月毕业。雷锋在荷叶坝完全小学读书时，一直走读，虽然家庭很困难，但是他不怕苦、不怕累，坚持读书学习，有一种自强不息的精神。

雷锋在荷叶坝完全小学读书和成长的过程是非常重要的，在这里他不仅丰富了文化知识，打下了牢固的知识基础，而且人也越来越成熟了。他已经在由少年成长为青年，由学校向社会迈进。

04

在毕业典礼上

1956年，正是我国农村社会发生翻天覆地变革的时期。农村掀起了建立合作社的热潮。在这种大好局面和背景下，特别需要一批有文化、有知识的新式农民到农业合作社来。对于当时湖南农村的具体情况而言，高小、初中毕业生无疑是首选。雷锋所在的安庆乡，更需要有文化的青年回乡建设。全乡所有的生产队，连找到一个记工的和读报纸的人都很困难。

此时，在湖南已经出现了这方面的模范人物。18岁的女青年冯健，志愿下乡养猪，她的事迹刊登在湖南省报纸的头版头条，标题是《向冯健同志学习》。她的事迹打动了雷锋。冯健成为雷锋的第一个学习榜样，以至后来的许多年，她一直是雷锋学习和追求进步的榜样。

雷锋在荷叶坝完全小学毕业时，是个非常优秀的毕业生。当时的大队辅导员夏柳，给他的评语是："学习用功、工作积极、关心同学、尊敬老师。"给他记了"甲奖"。在这些毕业生面前，有三个选择：一是继续升学，念初中；二是进工厂当工人；三是回乡参加农业生产。

对于这批毕业生的去向，政府和学校都很重视，还在毕业典礼上，进行了动员和引导，安排了几个同学发言。

据同学和老师回忆，当时安排发言的几个同学之中，并没有雷锋。可是在听同学发言的过程中，他抑制不住自己激动的心情，跑上台，慷慨激昂地讲了一番话。他宣布不升学了，心甘情愿回乡参加农业生产，像冯健姐姐那样做一个新型农民，把自己学到的文化知识献给家乡，来报答共产党和国家使他翻身得解放的“救命之恩”。

1956 年 7 月，雷锋在荷叶坝完全小学的毕业合影（前排左九为雷锋）

第二天，他又写了篇文章，刊登在少先队的黑板报上：

亲爱的老师、同学们：

我们小学毕业了，毕业以后，很多同学准备升入中学学习。我呢，我决定留在农村广阔的天地里，当一个新式农民。我决心做个好农民，争取驾起拖拉机，耕耘祖国大地，建设社会主义新农村。将来，如果祖国需要，我就去做个好工人，为祖国的社会主义工业化建设出把力。将来，如果祖国需要，我就参军做个好战士，用自己的鲜血和生命去保卫我们伟大的祖国。

同学们，让我们在不同的工作岗位上竞赛吧！

老师们，请你们看我的实际行动吧！

雷锋是一个言必信、行必果的人。他把毕业典礼上的发言，变成了自己的实际行动。雷锋高小毕业，回乡参加农业生产的事，在当地不胫而走。他受到了乡亲们的热烈欢迎，也引起了当地政府和领导的关注。他在一步步地向冯健学习，甚至有人把他看作安庆乡和望城县的先进人物。他和冯健一样，在引领时代的潮流，让自己的青春辉煌壮丽，也照亮了其他年轻人的美好前程。

乡长彭德茂夸奖他说：“这个小庚伢子，人小志大，是个好苗苗，今后还可能会有大出息的，说不定会给雷家祖上添大光彩的。”与雷锋同班毕业的47名学生，其中有37名升入了中学，如果他不回乡，升中学也是板上钉钉的事，而他坚决果断，无怨无悔。

雷锋回到了生他养他的简家塘生产队，在生产队当了一名记工员。他每天工作积极主动，不分白天黑夜地干活，哪里需要到哪里去，以生产队为家。

05

在县委当公务员

1956 年 9 月，雷锋被调到乡政府当了一名通讯员。

通讯员是干什么的？送公函、发通知、上传下达、端茶递水、打扫卫生等，整天干些杂七杂八的事。可是雷锋总是干得很快乐，也很利索，深得乡长彭德茂的喜爱。

雷锋与望城县县委领导的合影（前排右一为雷锋，右二为张兴玉）

1956 年征兵工作开始了。望城县县委书记张兴玉的公务员报名参军了，需要一名新的公务员。县委组织部的同志到各乡去考察，当来到安庆乡，向彭乡长了解情况时，发现通讯员雷锋思想开化，手脚勤快，又得知雷锋的身世和苦难的童年，因此准备推荐雷锋到县委给张书记当公务员。这个建议被采纳了。

1956 年 11 月 17 日，当时只有 16 岁的雷锋被正式调到望城县县委机关当公务员。这使得雷锋的人生有了一个重要的转机，他的眼界更开

1958 年 10 月，张兴玉调离望城县时，县委机关开欢送会（二排左二为雷锋）

阔了，接触面更广了，层次也越来越高了。

县委办公室分配给雷锋的具体工作，是打扫县委书记张兴玉的办公室和会议室的卫生及打开水等。而他把其他办公室的卫生和打开水工作，全都包了下来。此外，他还坚持打扫办公楼和走廊的卫生。

在县委机关，雷锋年纪小又勤奋工作，大家都很喜欢他，亲切地叫他小雷。县委领导晚上开会，有的时候会开得很晚，他总是坐在隔壁房间里看书，等到县委的会散了，他就去会议室打扫卫生，把门窗关好，再回去休息。等领导开会也有困倦的时候，张书记便催促雷锋回去休息，他说什么也不肯。

有一次，雷锋跟随张书记下乡。两个人一边走，一边聊天。看见路上有一颗螺丝钉，还有几分孩子气的雷锋，上前一个飞脚，把螺丝钉踢飞了。张书记却上前把螺丝钉捡了起来，然后放在衣兜里。

雷锋觉得不可思议，县委书记捡螺丝钉干什么呢？几天以后，回到县里，雷锋去机械厂送信，张书记拿出在路上捡的那颗螺丝钉，让他交给工厂，并对他说，螺丝钉虽小，可有大用处，机器上少了它是不行的。工作也一样，公务员的工作很普通，但也是革命工作的一部分，是少不了的。

张书记的这番话，让雷锋思考了五年，直到参军后的第二年，他才懂得了螺丝钉精神的真正价值和意义。他在日记里，把螺丝钉精神写得那样精辟、那样深刻，成为今天无数人爱岗敬业的统一用语。

06

楷模姐姐

雷锋是大家学习的楷模。那么，雷锋是否有自己的人生楷模呢？答案是肯定的，而且不止一个。其中有一位模范，是他亲眼所见并一起工作过、对他影响非常大的人，还曾两次见过毛主席。她就是全国劳动模范冯健，雷锋亲切地称她“健姐”。

冯健是雷锋第一个崇敬、对他影响最大的女性，他们的友谊持续的时间也最长。雷锋一生只有一次与女性单独合影，那个人就是冯健。

1956年的初冬时节,16岁的雷锋,是县委书记张兴玉身边的公务员。

一天，在张书记家，雷锋给张书记的女儿系红领巾，家里来了一个姑娘，很有礼貌。张书记指着雷锋说：“这是新来的公务员，小雷，”又指着姑娘说，“这位就是前些天我给你说过的冯健姐姐。1953 年，她 16 岁高小毕业便回乡参加了农业生产，带头为合作社养猪，18 岁入党，被评为全国青年社会主义建设积极分子，上北京见到了毛主席。”

听了张书记的介绍，雷锋很振奋，立刻毕恭毕敬地说：“冯健姐姐，你太了不起了，我一定好好向你学习，你一定要帮助我。”

冯健接着说：“我做得还不够，与党和人民的要求还差得很远。

你在张书记身边工作，是一个很好的学习机会，一定能够学到许多东西，我也是在张书记的培养教育下成长起来的，你会后来居上的。”

张书记鼓励雷锋说：“你来县委才几天，只要好好干，不断努力，会和冯健姐姐一起进步的。”说完，他又对二人讲了刘胡兰的事迹，解读了“有志不在年高”的含义，并把《钢铁是怎样炼成的》《把一切献给党》两本书送给他们，用保尔·柯察金和吴运铎的榜样力量引领他们的人生。

冯健离开时，天色已晚，她家在县城西十多里的大湖乡西塘村，中途要路过湘江的一股支流，张书记让雷锋把冯健送过河。两个人的友情就是从这里开始的。

初冬的望城，遍地还是一片绿色，河流在欢快地流淌。路上，雷锋仿佛遇到了久别的亲人，他把自己的内心想法不断地向冯健倾诉，讲述了自己苦难的童年。他说：“现在县委就是我的家。”

冯健听了说道：“你是孤儿，不要难过，现在是新社会，到处有亲人，我

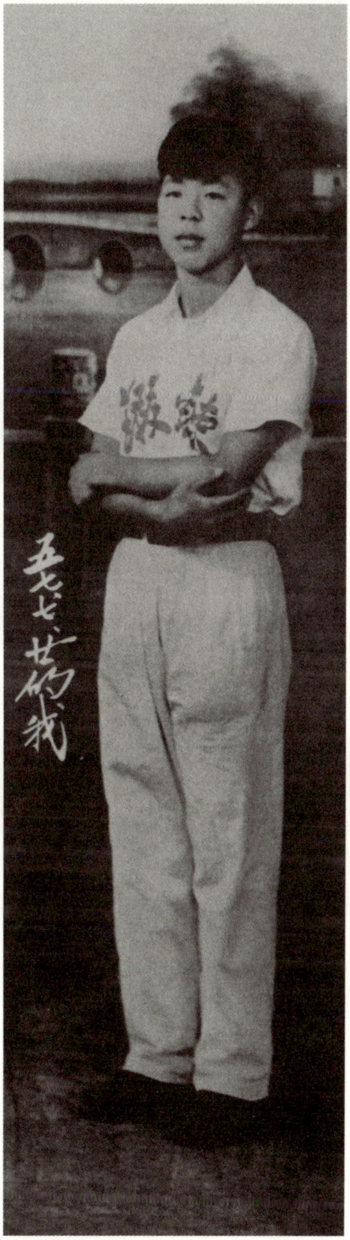

1957 年 7 月 20 日，雷锋在望城县县委工作时的照片

比你大几岁，今后我们就像姐姐和弟弟一样，你有什么事情需要帮忙就找我，不用客气。”

后来，每次冯健来县里开会，临行的时候，雷锋都要送她，有时候他会采一簇路边似火如霞的红花草，送给冯健。他会亲自摆渡，与冯健一起过港。他还恳求冯健给他讲述见到毛主席的情景和心情。每一个情节，他都听得非常认真，还不断地追问一些细节。他说：“毛主席真是穷人的大救星，如果不是共产党和毛主席救了我，我可能早就死了。”谈到今天的幸福生活，他总是深情地说：“我非常想念毛主席，非常渴望见到毛主席，那将是最幸福的。”

冯健也总是鼓励他：“这一天会到来的，我相信只要你不断努力，早晚会见到毛主席的。”

努力读书学习，不断提高政治觉悟和文化知识水平，是雷锋和冯键的共同兴趣和追求。与一般年轻人不同的是，他们二人制订了共同的学习计划，而且条款翔实、周密，时间、内容、方法都很清晰。两个人除了互帮互学和自学外，还请张书记为指导老师。他们的学习内容里还明确安排有“中外名著选读”。他们对张书记送的吴运铎的《把一切献给党》和苏联作家奥斯特洛夫斯基的小说《钢铁是怎样炼成的》，进行熟读和研讨，把吴运铎和保尔·柯察金作为人生偶像。

对作品中的精彩语言，他们能够一字不落地背诵。如《把一切献给党》里的结束语：“我们要永远记住毛主席的教导，做一个毫无自私自利之心的高尚的人、纯粹的人，把我们的力量、我们的智慧、我们的生命、我们的一切，都交给祖国、交给人民、交给党吧……”奥斯特洛夫斯基借书中主人公保尔·柯察金之口说的话：“人最宝贵的是生命，生命每个人只有一次。人的一生应当这样度过：当回忆往事的时候，他不会因为虚度年华而悔恨，也不会因为碌碌无为而羞愧；在临死的时候，他能够说：‘我的整个生命和全部精力，都已经献给了世界上最壮丽的事业——为人类的解放而斗争。’”

有一次，雷锋若有所思地问冯健：“健姐，听说你在学校时就是大队长，在农业社是会计，又当了第二社长，成了干部后，怎么又主动去养猪，甘心当饲养员呢？”

冯健反问：“干部不能当饲养员？养猪低人一等吗？”

雷锋忙解释说：“我不是这个意思，我是说当社长不比当饲养员贡献更大吗？社长多么重要，何必去养猪呢？”

冯健思考了一下说：“这个贡献大小的问题看怎么说了。今年县里号召大力发展养猪事业，我们农业社是个点，但工作迟迟打不开局面，有些人歧视养猪，不愿意当饲养员，认为养猪是脏活、累活，是不体面的事、没出息的事，特别是姑娘去当饲养员名声也不好听。这些都是陈风旧习，必须改变。我认为养猪不仅利于集体，也利于国家，应该发动大家多养猪，干部应该走在前面，起带头作用，我带头去养猪的价值，不一定比当第二社长的低，于是我决定当饲养员，结果得到了县委和张书记的大力支持和鼓励。我带领两个男同志办起了一个养猪场，饲养了80多头猪，这样把全社的养猪事业很快地带动和发展起来了，对全县的养猪事业也起到了推动作用。”

雷锋听得入神了，目不转睛地望着冯健，仿佛看到了保尔·柯察金、吴云铎一样。冯健的话音刚落，雷锋一把拉住她的手说：“健姐，我懂了，只要是对党和人民事业有利的事，无论是什么工作都是重要的，越是做别人不愿意去做的事，贡献可能越大。”

1957年秋冬时节，雷锋多次到冯健的养猪场参加劳动，不怕脏、

1958 年，雷锋和望城县县委工作人员及家属合影（前排左一为雷锋）

不怕累。

雷锋与冯健之间，是无话不谈的。尽管冯健很进步，也很坚强，但她毕竟才 19 岁，她的生活环境也很艰苦，遇到困难是在所难免的。她当时既是饲养员，又是团总支书记，经常开会，还要组织业余文体活动，有点吃不消，产生了畏难情绪。有一次，她把内心的想法告诉了雷锋。

雷锋一改常态，完全没了弟弟的样子，像大哥哥一样，用开导的语气说："健姐，你不记得钢铁是怎样炼成的了？你不记得保尔、吴运铎是怎样成功的了？保尔修路，吴运铎试验研制武器，他们遇到的困难，比我们面前的困难大得多，他们最后都变成了残疾人，他们就是在艰苦条件下成功的。干革命是不能怕困难的，也没有克服不了的困难，建设社会主义新农村既是艰苦的又是光荣的，你应该坚持下去，我相信你会做出一番成绩的，也许有一天你会成为中国的保尔，新的吴运铎。"

在冯健看来，雷锋的一席话，既是对她的批评，也是对她的激励。同时她觉得雷锋的进步太快了，似乎走在自己的前头了，她决不能落后，要迎头赶上。她振奋精神，在饲养员的岗位上干得更起劲了，成绩更突出了。上级总结和推广了她所在的养猪场的经验，新闻单位也来采访。

有一次，一位摄影记者来采访冯健，雷锋看准了机会恳切地说："健姐，我们姐弟俩也照个相吧！"记者当即满足了他的愿望。这是两个人在望城唯一的合影，也是两人一生中唯一的合影，更是雷锋一生中与女性的唯一的合影。

那时候，国家正在提倡大办农业，望城县决定治理沩河，围垦团山湖，在那里开办一个农场。县委号召机关干部积极报名到农场垦荒种田。雷锋和冯健一起报名去团山湖，过了一阵子，只通知雷锋一个人去。原来，是西塘的养猪场离不开冯健。县里还号召广大青少年积极捐款，购买一台拖拉机作为给新开垦的团山湖农场的献礼。广大团员和青少年热烈响应，有的捐一元，有的捐两元，有的捐几角，雷锋一下子捐了二十元。

1958 年 10 月，也就是雷锋去团山湖农场七八个月的时候，组织决定保送冯健到湖南农学院上大学。这对冯健来说，是意外的惊喜。雷锋既为冯健高兴，同时也产生了对大学的向往之心。

那时，农村在发生巨大的变化，团山湖农场变成了人民公社，雷锋不能在那里开拖拉机了。他把想上大学的想法和张书记说了。无奈上大学的名额是上级定的，雷锋的大学梦没有实现。

冯健离开家乡，前往省城的时候，雷锋高高兴兴地去送行，并说了许多期望和祝福的话。临行前，冯健对雷锋，也像对自己说："无论在什么地方，什么岗位，都不要忘记我们一起对人民许下的诺言，在哪里都要像保尔、吴运铎那样学习、生活和工作。"

雷锋坚定地回答："健姐，放心吧！我会的，我相信你也会的。"他们各自的眼睛里，都滚动着泪花。谁也没想到，此次的分别，竟是两人的永别。

1961 年四五月间，冯健在一本杂志上，看到了雷锋的事迹。她既惊讶又感动，看了一遍又一遍。她放下杂志立刻给雷锋写信，一方面向他表示祝贺，另一方面表示向他学习。

没过多久，她便收到了雷锋的回信。令她惊喜的是随信寄来的一幅照片，是雷锋在擦拭"解放"牌汽车的那张照片。看上去，"解放"二字是那样的醒目，雷锋是那样的阳光。雷锋还在照片的背面，用飘逸的斜体写了两行字："冯健姐姐，我永远向你学习，为共产主义奋斗终生。"

又过了一年多，冯健收到一个令她难以接受的噩耗。雷锋于 1962 年 8 月 15 日，不幸以身殉职。她痛苦欲绝，许多天吃不下饭，睡不着觉。雷锋苦难的童年和与她一起学习的往事，无数遍地在她脑海中浮现。1963 年 3 月，毛泽东主席为雷锋题词，号召全国人民"向雷锋同志学习"。冯健无比振奋，她决心要像雷锋那样做人做事，像雷锋那样对待祖国和人民的事业。

大学毕业后，冯健参加了工作。走到哪里，把雷锋讲到哪里，走到哪里，把雷锋精神带到哪里。60 多年来，她时刻都在发扬雷锋精神，时刻都在延续雷锋的生命。她曾多次被评为模范团员、优秀共产党员、劳动模范和社会主义建设积极分子，并在湖南省总工会副主席的领导岗位上退休。她把雷锋送给她的照片悬挂在书房中，也经常应邀给孩子们和社会各界讲雷锋的故事。

07

我是团员了

雷锋在望城县县委机关工作时，光荣地加入了中国新民主主义青年团（1957年5月改名为中国共产主义青年团）。他的入团介绍人叫冯乐群。当时，冯乐群是望城县委的机要秘书兼县委机关党支部青年委员和团支部书记。他和雷锋朝夕相处，感情很好。他发展雷锋加入了中国新民主主义青年团。他也是望城县县委机关最早接触雷锋的人之一。

雷锋到望城县委报到的那一天，是他接待的。雷锋给他的印象是个子不高，年龄在十五六岁之间，圆圆的脸上带着喜悦、兴奋和好奇的神情。雷锋悄悄地问冯乐群的年纪，冯乐群爽快地告诉了他。雷锋笑一笑说："那你就是我老兄了。"冯乐群说："你就是我的弟弟呀！"说完，两个人一起笑了起来。

初次相见，冯乐群一下子就喜欢上这个弟弟。他领着雷锋去见张兴玉书记时，雷锋显得有些拘束、紧张，连说话都有些结结巴巴的。

张书记对他说："别紧张，我们都是同志。你当公务员是为人民服务，我这个书记也是人民的勤务员，我们只是分工不同嘛，共产党无论职务高低，一律平等。"接着问雷锋："你愿不愿意当公务员？"

“愿意！我从心底里愿意。”雷锋就这样到望城县县委机关工作了。

望城县是1951年成立的一个新县，开始时在望城坡，后来搬迁到高塘岭。当时条件很艰苦，衣食住行都不怎么方便。为了改善机关干部、职工的生活，大家常常参加生产劳动，开垦荒地，养猪种菜。

有一次在开垦荒地的劳动中，雷锋干得很起劲，一边挥舞着锄头，一边愉快地哼起了《南泥湾》这首歌。

这时，冯乐群打趣说：“小雷，你的嗓子虽不见得亮堂，曲子也不见得唱得准确，但此时此地唱这样一首歌还是很有意义的。”

雷锋立即回答：“我从来没有到过南泥湾，更没有见过当年南泥湾大生产是什么样的情景，只听张书记讲过这个故事，从书本上知道什么是南泥湾精神。我感到我们现在组织干部、职工开荒种菜，也像南泥湾大生产一样。”

冯乐群紧接着说：“你想得海阔天空，联系得自然贴切，不过不知道你是否想到南泥湾大生产时的条件比我们现在的条件要艰苦的多得多？”

雷锋说：“南泥湾的艰苦奋斗精神是我们的‘传家宝’，我们要一代代传下去，只有这样，我们的国家和民族才有希望啊！”

雷锋是一个非常喜欢听革命英雄人物故事的人。他和冯乐群经常跟随张书记一起下乡，张书记给他们讲了许多革命英雄的故事。这对他们树立正确的人生观和世界观起到了十分重要的作用。

雷锋曾经问过冯乐群，这些英雄的故事是否印成了书呢？冯乐群告诉他，到新华书店去看一看、查一查。不久，他真的去了新华书店，搬回来了一大堆书，有故事书，有连环画，还有小人书。雷锋看完了，还给机关的同事讲这些英雄的故事。有时候还把英雄的故事紧密地联系实际。

比如讲刘胡兰的故事时，他联系自己。他对冯乐群说：“刘胡兰牺牲的时候，不满 16 岁，比我还小呢。她是为人民的利益而死的，她的死比泰山还重，做人要做这样的人。因此，毛主席给她题词‘生的伟大，死的光荣’。”

雷锋是个政治上积极要求进步的好青年。刚进入机关没几个月，他就向团支部提出了加入中国新民主主义青年团的申请。有一次，他对冯乐群说：“老冯，我申请入团，不知道能不能批准？”冯乐群告诉他：“团组织的大门随时都是敞开的，你只要努力，是完全可以的，你要经得住组织的考验。”

雷锋又迫切地问：“我现在够不够条件，还有什么缺点要改正？”

老冯对他说：“你的基本条件够了，但是还有些缺点和不足之处，应该改正。一是有时学习抓得还不够紧；二是多少还有点散漫习气；三是有时还表现出来一点点自满情绪和优越感。”

雷锋点点头说：“老冯，你讲的这些都很对，我一定要尽快改正，要在更短的时间里满足条件，争取早日加入团组织。”

冯乐群十分关心他，随即送给他两本书。过了些日子，雷锋拉住冯乐群的手说：“老冯，你送给我的书真好，我认真地看了几遍了，明确了入团的目的。入团就是要当好党的助手，为党的事业尽心尽力，为共产主义事业奋斗到底。”

1957 年 2 月 8 日，对雷锋来说是个难忘的日子，是个永远值得纪念的日子。这一天，他加入了中国新民主主义青年团。

在入团宣誓以后，他情不自禁地喊起来：“我是团员了！我是团员了！”为了纪念这个郑重的日子，雷锋还特意拍了一张照片，他头戴一顶青色的呢子帽，身着蓝色的列宁服，胸前佩戴着圆形的白底红字的“中共望城县委员会”的徽章。容貌端庄，面带笑容，无比喜悦的心情溢于言表。

他把这张入团的纪念照，送给了冯乐群一张，还送给了张书记的爱人郑大姐一张。

雷锋签名送给县委书记张兴玉妻子的照片

加入团组织以后，雷锋表示，一定严格要求自己，继续努力，做一个模范团员。不久，他被县委机关评为“青年社会主义建设积极分子”“模范团员”。

08

学习写日记

雷锋日记从问世至今，已经在社会上传阅半个多世纪了。有多少人被它的精辟和高雅所折服；有多少人为它的优美和动人而感叹；有多少青年把它当作人生的指引；有多少孩子把它当作名言；有多少长辈把它当作教育子孙后代的家书。可也有人怀疑，这样优美的日记不是雷锋自己所写，是别人替写的，或者是经过文人加工的。他们说一个普通的士兵，高小毕业，怎么能写出那样意境高远、语言精练、优美并富有哲理的日记、诗和文章呢?

雷锋虽然只念完了高小，但那不是雷锋真实的文化知识水平。不要忘记雷锋的“钉子”精神，他读书已经达到了如醉如痴的程度。

雷锋 16 岁到望城县县委机关当公务员的时候，把县委书记张兴玉送给他的《钢铁是怎样炼成的》和《把一切献给党》读得滚瓜烂熟，能把其中的精彩部分背诵下来。

不知道人们是否发现，雷锋日记里的语言风格，与《钢铁是怎样炼成的》里的语言风格是多么的相似。比如，雷锋在 1958 年 6 月 7 日写的那篇日记“如果你是一滴水，你是否滋润了一寸土地？如果你是一线阳

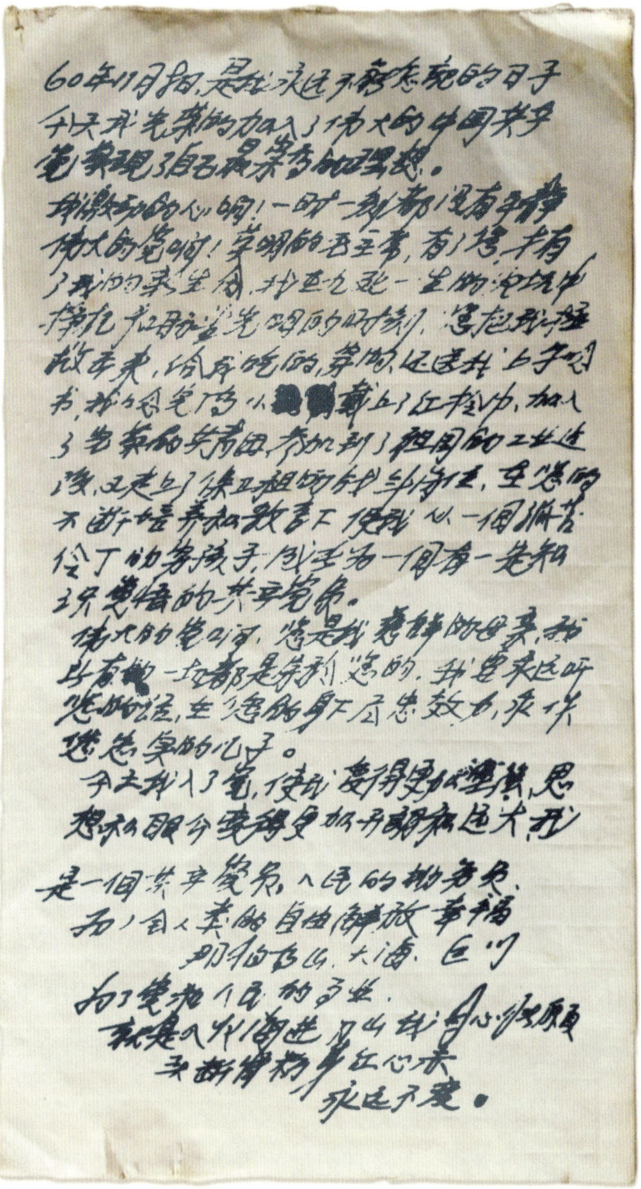

60年11月8日，是我永远不能忘记的日子
今天我光荣的加入了伟大的中国共产
党，实现了自己最崇高的理想。
我激动的心啊！一时一刻都没有平静
伟大的党啊！英明的毛主席，有了您，才有
了我的新生命。我在九死一生的火坑中
挣扎，盼望光明的时刻，您把我从虎口里
救出来，给我吃的，穿的，还送我上学念
书，我念完高小[illegible]戴上了红领巾，加入
了光荣的共青团，参加了祖国的工业建
设，又走上了保卫祖国的战斗岗位，在您的
不断培养和教育下，使我从一個孤苦
伶丁的穷孩子，成长为一個有一定知
识觉悟的共产党员。
伟大的党啊，您是我慈祥的母亲，我
所有的一切都是属于您的。我要永远听
您的话，在您的身下忠诚效力，永做
您忠实的儿子。
今天我入了党，使我变得更加坚强，思
想和眼界变得更加开阔和远大，我
是一個共产党员，人民的勤务员，
为了全人类的自由解放幸福
哪怕上刀山，下火海，巨川
为了党和人民的事业，
就是入水火进刀山我也心甘情愿
头断骨粉一颗红心
永远不变。

雷锋日记手迹

光，你是否照亮了一分黑暗？如果你是一颗粮食，你是否哺育了有用的生命？如果你是一颗最小的螺丝钉，你是否永远坚守……”，与保尔·柯察金的那段关于生命的名言“人最宝贵的是生命，生命每个人只有一次。人的一生应当这样度过：当回忆往事的时候，他不会因为虚度年华而悔恨，也不会因为碌碌无为而羞愧……”是何等的相近。雷锋的日记，有的就像是《钢铁是怎样炼成的》的读后感。

雷锋开始学习写日记的时间是1957年，在望城县县委机关当公务员的时候，请教的第一个人是县委组织部的彭正元同志。

一天下午，在望城县县委机关门口，雷锋面带笑容地对彭正元说：“老彭，请你告诉我，日记怎么写才好？”

老彭反问：“你在写日记？”

雷锋回答：“我想学一学写日记。”

老彭说：“学习写日记，这是好事，我也在写日记。”接着他告诉雷锋：“写日记既可以提高自己的文化与写作水平，也可以锻炼提高分析事物的能力。”

雷锋接着说：“写日记的好处确实很多，那日记怎么个写法呢？”

“从写日记的形式看，有无标题的，开始就写××××年×月星期×，还有一种有标题的，我喜欢后一种形式。因为日记有标题，就体现了这篇日记的中心内容，看了一目了然，也便于今后归类整理。”老彭把自己写日记的体会告诉了雷锋。

雷锋饶有兴趣地听完后说：“还这么讲究啊！”并继续问：“如何才能写好日记呢？”

老彭思考了一下说：“我觉得有几点需要注意的：一是不要记流水账式的，如记起床、睡觉、吃饭、上班、下班等，这个就没意思了；二是记一天中有突出意义的事，选择一两件把它记全、记深、记好，不要面面俱到；三是记事时，可写自己的感受和见解，或者练习写景物，逐步提高自己的写作水平。”这些话让雷锋受益匪浅。

第一个看到雷锋日记的人，是团山湖农场办公室的方湘林，时间是1958年4月的一天上午，地点是团山湖农场。

劳动休息的时候，方湘林问雷锋在看什么书。

雷锋回答说：“不是书，是日记本。”

方湘林仔细一看，果然是一个红皮的日记本，上面印着“奖给治沩工程模范”，下面还有一行小字“望城县治沩工程指挥部，1957年12月”，笑着说：“嗬！写爱情日记嘞！”

雷锋笑着说：“你看吧！”

他打开日记，仔细一看，写的全是政治和技术方面的内容。如下放干部总结评比大会记录、雷锋在大会上的发言、拖拉机性能和拖拉机驾驶规则等，还有读书体会等。

09

第一拖拉机手

在治沩工程结束以后，即 1958 年 2 月，望城县委又决定把荒芜多年的团山湖开垦成“米粮川”，为人民造福。这是一个相当好的举措，因此得到了上级的大力支持。

县委号召机关干部报名到农场垦荒种田，雷锋第一个报了名。他说：“我要响应国家大力发展农业，建设社会主义新农村的号召，把自己美好的青春献给伟大的农业建设。如果有机会，我就驾驶拖拉机奔跑在祖国一望无边的土地上，不辞劳苦，勤奋耕耘，一定让荒山野岭变成‘米粮川’，多打粮食，支援社会主义建设。”

不久，上级决定拨给团山湖农场一台拖拉机，还要在县里建立拖拉机站。大家奔走相告，欢欣鼓舞。雷锋听了格外激动，恨不得一下子飞到团山湖农场。

1958 年的早春二月，雷锋欢欣鼓舞地奔赴团山湖农场，成为望城县有史以来的第一个拖拉机手。

当时，农场只有两台拖拉机。一台是从省农业科学院借来的，是一台旧拖拉机，三个拖拉机手也是从外单位借来的。另外一台是新购买的，德国生产的“德特 –54”，由雷锋负责驾驶。

雷锋拜随车而来的陈师傅为师。陈师傅是一个性格内向的人，平时言语比较少。雷锋每天恭恭敬敬对待师傅，老老实实做徒弟。每天出工前，他快步走在前面，按照师傅的指点，细心做好擦车、注机油、拧螺丝等各项出工前的准备工作。在工作的时候，雷锋热心地向师傅学习，他坐在师傅的身旁，聚精会神地观察师傅操作的每一个动作，怎样把握方向盘，怎样加大油门，如何操纵离合器。

下班以后，他还继续学习、复习，对照《学员手册》上面的技术规范和说明认真领会，做到融会贯通，触类旁通，举一反三。他把关键的地方，如拖拉机性能、拖拉机规则等，记在笔记本上。

农场办公室主任老方看了，有些敬佩地说：“小雷，你看你又是政治的，又是技术的，这样抓紧学习是不是想当伟人啊？”

雷锋说：“我是在默记拖拉机驾驶规则，要开好拖拉机，这些规则不记清楚是不行的。”

老方打开雷锋的笔记本，规则一共有 15 条。

雷锋说：“那么你就考一考我吧，看我记得准确不准确。”

老方笑了笑说：“行，我点一条，你背一条，首先背第五条。”

“5. 在检查油位时，要用量油尺，在任何情况下不许为了照明而将火移近油箱。”

“第 13 条呢？”

“13. 拖拉机纵队工作时，要距离 20~25 米。”

“好啦！好啦！小雷，你可以得满分了，你记得清清楚楚呀！”

雷锋说：“这个不算什么，现在毛主席号召我们年轻人走又红又专的道路，专是什么呢？职业不同，专的内容也不同。我想，熟练掌握拖拉机技术就是专，这也是县委交给我的任务。我要为农场开好拖拉机，出色地完成党交给的任务，就是又红又专了。但开拖拉机是一门很深的学问，要做到能驾驶、能保养维修、能节油，就不那么容易了。今天我记住了规则，还要进一步掌握理论知识，真正成为一个开拖拉机的内行，争取做一个红透专深的无产阶级先锋战士。”

1958 年 3 月 10 日，一轮红日从东方冉冉升起，大地上的花草迎着微微的晨风点头致意，整个团山湖沐浴在金色的朝霞里，一片生机盎然的景象。

这是个好日子，学习了一个星期拖拉机驾驶的雷锋，在这一天试车。场部的工作人员和食堂的炊事员都出来看。

雷锋坐在驾驶员的位置，他既喜悦又紧张，笑盈盈地看着大家。只见他把右脚往下一踩，拖拉机便突突响了，紧接着把踩离合器的左脚慢慢地抬起来，拖拉机开始向前移动，五骅犁的后面出现五道弯弯的泥浪，渐渐地伸向远方。

雷锋会开拖拉机了！这个消息像春风一样，吹遍了团山湖农场，人们奔走相告。望城县有了第一个拖拉机手，农场里的所有同志都很高兴。场长特别交代炊事班多加了几个菜，祝贺雷锋学会开拖拉机。

雷锋试车成功以后，别提多么高兴了，吃饭的时候，还回味着试车的情景，晚上躺在床上也难以入睡。本来都已经躺下来，自己又起来，在灯下写文章《我学会开拖拉机了》。

由于是第一次写作，不知道怎样下笔，雷锋便去向农民作家熊春祐讨教：“老熊，你是农民作家，有写作经验，请你告诉我应该怎样动笔写作。”

熊春祐被他的热情所感染，耐心地给他讲解新闻稿的写作方法和要素，然后又补充说：“内容要具体，要有真情实感，你今天吃晚饭的时候，还在想着开车的事，这一点就可以写进去。”

雷锋诚恳地点点头，便跑回去继续精心构思，认真写作。到了深夜12点的时候，他又去把熊春祜叫醒，请他帮忙看看已经写好的稿子。

熊春祜一口气读完，高兴地说：“内容丰富，文笔通顺，情景生动，情节真实、感人，写得很好，而且还有写作的潜力，说不定将来在这方面会有出息的，我帮助你投到《望城报》去发表。”

第二天，熊春祜去县城办事，特意把雷锋的稿子送到《望城报》，交给了一个叫刘国维的编辑。正好这个编辑也认识雷锋，他感觉雷锋的这篇文章写得很有灵气，马上送审。雷锋的文章《我学会开拖拉机了》在1958年3月16日的《望城报》上发表，全文如下：

3月10日，是我永远不能忘记的日子！这天，我第一次学会了开拖拉机。心情是何等激动呵！

我7岁时父母双亡，变成了一个可怜的孤儿。那时在国民党反动统治下，只得给地主放牛，吃不饱，穿不暖，经常挨打挨骂，过着牛马一样的生活。

自从来了人民的救星——共产党，把我从火坑里拯救出来，送我上学，给我吃的穿的，把我培养成为一个有一定知识、觉悟的青年；使我于1956年投入革命的怀抱（在县委会当通讯员），并在1957年2月加入自己的光荣组织——共青团。

今年1月底，团县委号召建立望城第一个青少年拖拉机站，接着又看见农学院的拖拉机来支援团山湖犁田，我多么想当一个拖拉机手！我就把节约下来准备做被子的20元钱，全部捐献了，只想拖拉机站马上建成就好！

这次，党批准我下乡当农民。我真是高兴极了。在2月26日，光荣地走上了劳动战线——到了团山湖农场，学习驾驶拖拉机。

当我第一次爬上拖拉机驾驶台学习的时候，我真高兴得要跳起

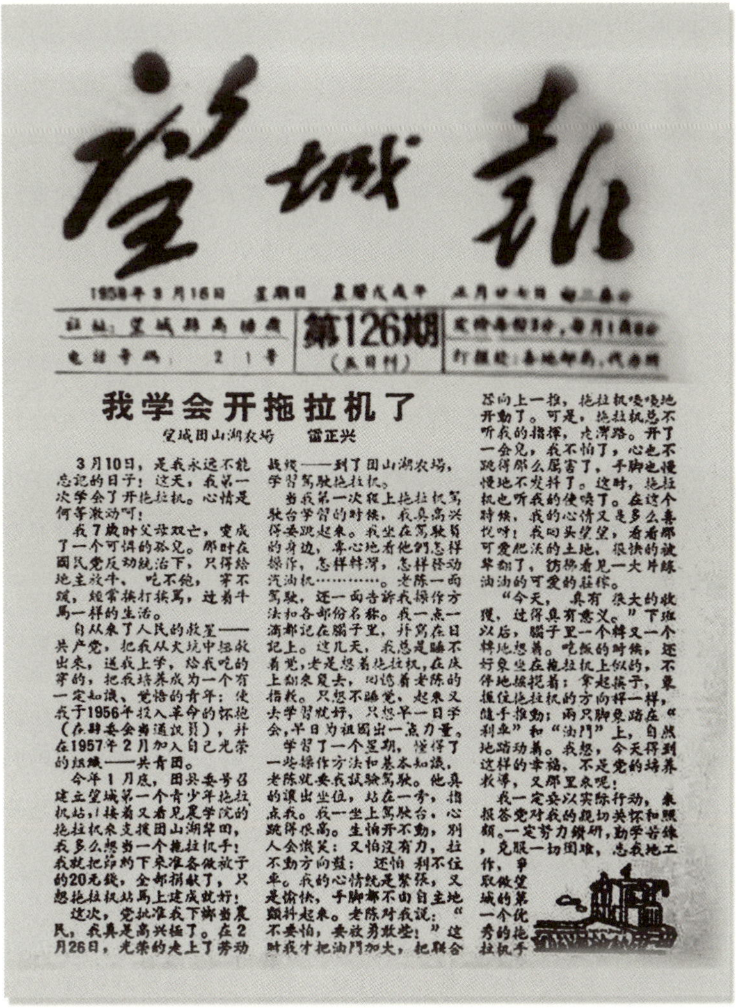

1958年3月16日 星期日

第126期

（五日刊）

电话号码：21号

我学会开拖拉机了

望城团山湖农场 雷正兴

3月10日，是我永远不能忘记的日子！这天，我第一次学会了开拖拉机。心情是何等激动呵！

我7岁时父母双亡，变成了一个可怜的孤儿。那时在国民党反动统治下，只得给地主放牛，吃不饱，穿不暖，经常挨打挨骂，过着牛马一样的生活。

自从来了人民的救星——共产党，把我从火坑中拯救出来，送我上学，给我吃的穿的，把我培养成为一个有一定知识、觉悟的青年；使我于1956年投入革命的怀抱（在县委会当通讯员），并在1957年2月加入自己光荣的组织——共青团。

今年1月底，团县委号召建立望城第一个青少年拖拉机站，接着又看见农学院的拖拉机来支援团山湖垦田，我多么想当一个拖拉机手！我就把节约下来准备做被子的20元钱，全部捐献了，只想拖拉机站马上建成就好！

这次，党批准我下乡当农民，我真是高兴极了。在2月26日，光荣的走上了劳动战线——到了团山湖农场，学习驾驶拖拉机。

当我第一次爬上拖拉机驾驶台学习的时候，我真高兴得要跳起来。我坐在驾驶员的身边，专心地看他们怎样操作，怎样转湾，怎样发动汽油机…………。老陈一面驾驶，还一面告诉我操作方法和各部份名称。我一点一滴都记在脑子里，并写在日记上。这几天，我总是睡不着觉，老是想着拖拉机，在床上翻来复去，回忆着老陈的指教。只想不睡觉，起来又去学习就好，只想早一日学会，早日为祖国出一点力量。

学习了一个星期，懂得了一些操作方法和基本知识，老陈就要我试验驾驶。他真的让出坐位，站在一旁，指点我。我一坐上驾驶台，心跳得很高。生怕开不动，别人会讥笑；又怕没有力，拉不动方向盘；还怕刹不住车。我的心情就是紧张，又是愉快，手脚都不由自主地颤抖起来。老陈对我说：“不要怕，要放勇敢些！”这时我才把油門加大，把联合器向上一推，拖拉机嘎嘎地开动了。可是，拖拉机总不听我的指挥，走湾路。开了一会儿，我不怕了，心也不跳得那么厉害了，手脚也慢慢地不发抖了。这时，拖拉机也听我的使唤了。在这个时候，我的心情又是多么喜悦呀！我回头望望，看看那可爱肥沃的土地，很快的被犁翻了，彷彿看见一大片绿油油的可爱的庄稼。

“今天，真有很大的收获，过得真有意义。”下班以后，脑子里一个样又一个样地想着。吃饭的时候，还好象坐在拖拉机上似的，不停地操纵着：拿起筷子，象握住拖拉机的方向杆一样，随手扳动；两只脚象踏在“刹车”和“油門”上，自然地踏动着。我想，今天得到这样的幸福，不是党的培养教导，又那里来呢！

我一定要以实际行动，来报答党对我的亲切关怀和照顾。一定努力钻研，勤学苦练，克服一切困难，忠我地工作，争取做望城的第一个优秀的拖拉机手

1958年3月16日，雷锋的文章《我学会开拖拉机了》发表

来。我坐在驾驶员的身边，专心地看他们怎样操作，怎样转弯，怎样发动汽油机（柴油机）……。老陈一面驾驶，还一面告诉我操作方法和各部份（分）名称。我一点一滴都记在脑子里，并写在日记上。这几天，我总是睡不着觉，老是想着拖拉机，在床上翻来覆去，回忆着老陈的指教。只想不睡觉，起来又去学习就好，只想早一日学会，早日为祖国出一点力量。

学习了一个星期，懂得了一些操作方法和基本知识，老陈就要我试验驾驶。他真的让出座位，站在一旁，指点我。我一坐上驾驶台，心跳得很快。生怕开不动，别人会讥笑；只怕没有力，拉不动方向盘；还怕刹不住车。我的心情既是紧张，又是愉快，手脚都不由自主地颤抖起来。老陈对我说："不用怕，要放勇敢些！"这时我才把油门加大，把离合器向上一推，拖拉机嘎嘎地开动了。可是，拖拉机总不听我的指挥，走弯路。开了一会儿，我不怕了，心也不跳得那么厉害了，手脚也慢慢地不发抖了。这时，拖拉机也听我的使唤了。在这个时候，我的心情又是多么喜悦呀！我回头望望，看看那可爱肥沃的土地，很快的被犁翻了，仿佛看见了一大片绿油油的可爱的庄稼。

"今天，真有很大的收获，过得真有意义。"下班以后，脑子里一个转又一个转地想着。吃饭的时候，还好像坐在拖拉机上似的，不停地摇晃着；拿着筷子，像握住拖拉机的方向杆一样，随手推动；两只脚像踏在"刹车"和"油门"上，自然地踏动着。我想，今天得到这样的幸福，不是党的培养教育，又是哪里来呢！

我一定要以实际行动，来报答党对我的亲切关怀和照顾。一定努力钻研，勤学苦练，克服一切困难，忘我地工作，争取做望城的第一个优秀的拖拉机手。

10

团山湖农场的知音

雷锋在团山湖农场有一位女同事，特别了解、欣赏、信任雷锋。她的名字叫王佩玲，1937 年出生，比雷锋大三岁半。她还有一个名字，只用过一次，是专门对雷锋而言的，叫“黄丽”。就因为这个名字，世人寻找了她 30 多年。

人们为什么要寻找她，为什么非要找到她？因为她给雷锋的一段评语，太深刻、太透彻、太有预见性了。

王佩玲在 1958 年，也就是雷锋 18 岁的时候，就预见雷锋一定前途无量。

她这样写道——

亲如同胞的弟弟——小雷：

你勇敢聪明，有前途，有远见，思想明朗，看问题全面，天真活泼，令人可爱。有外在的美和内在的美，对任何同志都抱着极其信仰的态度，等等。这一切结合起来，真称得我心爱的弟弟，忠心的朋友。

弟弟你值得人羡慕还多着哩，是青年中少有的，在建设社会主义中是有很大的贡献的。

你的干劲和钻劲使你勇往直前。希望你在建设共产主义中把你的光和热发遍（传递）全世界，让人们都知道你的名字，使人们都热爱你和敬佩你。弟弟，希望你实现做姐的理想。在临别之前，要把我内心的千言万语说完是办不到的。我是不愿意弟弟离开的。祖国需要你和等着你呢。弟弟，前进吧！你前途是伟大的，是光明的。姐因文化（程度）太低，不能把我内心想说的都写出来，只好就此亭（停）笔。

落款是“你姐黄丽”，时间是 1958 年 11 月 9 日。

人们不禁要问，黄丽是谁？她与雷锋是什么关系？也有人猜测她是雷锋的“女友”。

赠言充满挽留之情，又洋溢着鼓励之意。可以看出，他们之间绝不是一般男女青年的那种恩恩爱爱，他们的情感建立在一个比较高的境界之上。

人们都想见黄丽，然而黄丽是个神秘人物。人们从南方寻找到北方，从城市寻找到乡间，均不见其庐山真面目。特别是雷锋工作过的三个地

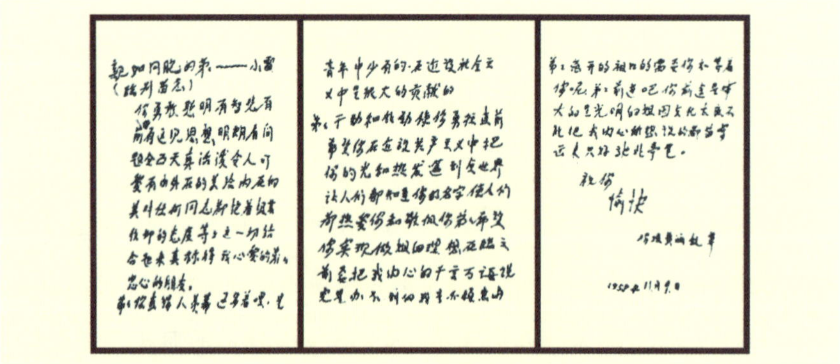

王佩玲给雷锋的赠言手迹

方，他生长的安庆乡、他当公务员的望城县和他驾驶拖拉机的团山湖农场，都没有黄丽这个人。

后来经过综合分析，有人认为黄丽可能是另外一个人。这个人应该是团山湖农场的一个女工，叫王佩玲。于是人们费了九牛二虎之力，在湖南省长沙市寻找到了年过半百的王佩玲。当问到黄丽是不是她的笔名，给雷锋的赠言是不是她写的时，她一口否认。

1993 年，雷锋入伍的接兵人戴明章组织编写《回忆雷锋》，连续给王佩玲去了十封信，终于打动了她。在第八封信里，戴明章写道："我们这些雷锋成长的见证人，已年近七旬，来日不多，在有生之年，寻找不到黄丽，何以告慰雷锋的亡灵？"这封信让她看得泪如泉涌，她承认自己确实用"黄丽"的笔名给雷锋写了赠言。

1958 年 2 月，王佩玲从望城县坪塘供销社下放到团山湖农场劳动。当时王佩玲也刚刚 20 岁出头，对新生活充满美好的向往。雷锋是全县第一个志愿报名当拖拉机手的，于 2 月来到团山湖。

在王佩玲和许多人眼里，雷锋有些与众不同，他虽然年龄不大，可待人热情，工作积极，特别爱学习。

一天，王佩玲看见雷锋边走边看一本书，很着迷的样子。她便好奇地追上去问："你看的是什么书喽？一定很有意思，能不能借给我看一看？"原来是一本《刘胡兰小传》。

雷锋爽快地说："你想看就拿去吧！我还有《钢铁是怎样炼成的》《卓娅和舒拉的故事》《董存瑞》《黄继光》《浮沉》，你随便看。"

当时，雷锋有个藤条箱子，装有许多书，王佩玲几乎都借阅过。有时，两个人还在一起交流阅读心得，各自发表见解，并将这些与工作和生活紧密联系在一起，学以致用。

有几天，因为劳动，王佩玲感到劳累，便放松了学习。雷锋得知后，问她为什么不看书了，她说：“劳动一天累得很，哪还有什么精神看书哇！”雷锋耐心地开导她：“王姐，农场的劳动强度是大了些，可是我们生活在社会主义时代，比起当地解放前不知幸福多少倍，劳累一点算不了什么。我们的幸福美好生活是靠我们自己的双手来创造的，你看《钢铁是怎样炼成的》里的保尔，战争和病魔使他瘫痪，又双目失明，但他以无比顽强的意志和毅力战胜了种种困难，最后写成了这本著名的小说。我们要学习保尔这种坚韧不拔的精神。”

雷锋诚恳的帮助和耐心的劝解，让王佩玲接受了。之后，无论多累，她都坚持看书和写心得日记。雷锋看了感到非常欣慰，他高兴地给王佩玲朗读写在《钢铁是怎样炼成的》扉页上的那段名言。

在王佩玲看来，雷锋不仅帮助她，而且自己就像保尔那样生活、学习和工作，创造属于自己的美好人生。雷锋在学习上刻苦钻研，非常善于利用时间，善于思考问题，善于总结读过的书的中心内容和书中主要人物的品格。在这方面，凡是接触过他的人，都交口称赞。

有一次，距农场不远的湘江发大水，农场指挥部组织全体人员防汛抗洪。突然有一处土坝被洪水冲垮，汹涌的洪水像猛虎野兽一样向人群咆哮而来。就在千钧一发之际，雷锋迎着水势向人群跑来，一边高喊“快跑，大水来了！”一边组织疏散人群到安全地带。

王佩玲感到，雷锋年纪轻轻，可为人很大气。由于他从小尝尽了人间的苦难，又有着一颗善良的心，所以他对周围的人都怀有一种真切的情感，尤其是对那些生活贫困的弱势群体，总是乐于相助，处处关心。

雷锋于 1958 年 11 月离开家乡去鞍钢。临行时，王佩玲赠送给雷锋一个笔记本，亲自在上面写下了赠言。当时雷锋说：“王姐，您写得太好了，您太有文采了，太有意境了。”王佩玲说：“小雷呀！不是我写得好，我也只读过六年书，能有什么文采？我是有感而发，我写的都是你所具有的。”

雷锋在团山湖农场时的照片

雷锋说：“那是您的期望，是您给我指出的努力方向，给我绘制的美好蓝图，我现在还小，今年才 18 岁，好多东西还不具备，不过我谢谢您的鼓励，我会努力的。”

王佩玲说：“我对你很有信心，我认为你早晚有一天会成功的，这只是个时间问题，只是需要时机。我相信你有这个机会的，因为机会是属于有准备的人，你已经整装待发了。你还年轻，一切都来得及，我见到的 18 岁的年轻人多了，但像你这样的年轻人确实少有，你既有内在又有外在，我等待你成功的那一天，我在任何时间、任何地点，都等着听到你成功的消息。”

雷锋最后说：“王姐，您是我的好姐姐，难得您对我有这样的鼓励和期望，我会一直努力下去的，直到那一天。”

雷锋离开湖南去鞍钢后不久，王佩玲也离开了团山湖农场，先后辗转湖南、湖北、安徽等多个地方，与雷锋也失去了联系。

1963 年 3 月，王佩玲在报刊上看到了雷锋的照片，心情异常激动。照片下面有毛主席的题词和雷锋的事迹。她明白了，当年她寄予希望的“小雷弟弟”改名叫雷锋，成功了，但也永远离开了。她的心情是复杂的，是难以表达和释怀的。雷锋果然如她所愿，给人间留下了永恒的雷锋精神。

11

北上鞍钢

1958 年 11 月 8 日，雷锋领着一位没见过面的陌生人，来到了五星人民公社。原农场场长、党委书记李庆发当时是这里的领导。

雷锋介绍说：“李书记，这位是鞍钢来望城县负责招工的同志。”

听说是远道而来的客人，李庆发赶忙起身，客气地欢迎、让座。

这位鞍钢的客人直截了当地说明了来意：“小雷已经被录取去鞍钢支援工业建设，今天是来辞行的。”

李庆发一听有些突然，想了想说：“你们的眼力真不错，一下子就看中了小雷，我们也只好忍痛割爱。小雷年龄小，从小失去了父母，到了北方你们可要多照顾一点呀！”接着，他又把雷锋的身世以及在县委机关、治沩工地、团山湖农场的良好表现，详细地介绍了一遍。鞍钢来的同志一边听一边点头。

雷锋说：“李书记，在旧社会我是一个无依无靠的孤儿，是党和毛主席把我从水深火热的苦海中拯救出来，先是送我上学读书，又让我参加工作，今天又送我参加祖国的工业建设，这一切全都是党的关怀和照顾，我一辈子感谢毛主席，感谢共产党，感激帮助我的各位领导。”

李书记说："是呀！到了新的工作岗位，要继续努力，听党和毛主席的话，服从领导，团结同志，做出新的成绩。"

"我会的，我到县委机关工作以来，张书记、赵书记、您，还有其他领导和同志们，像父母兄长一样关心我、照顾我、培养我，使我这个孤儿得到了温暖和幸福。说心里话，我也是舍不得离开你们的，也舍不得离开生我养我的家乡，舍不得离开这片土地和这里的乡亲。"雷锋几乎是哽咽着说了这番话。

李书记说："小雷，一定经常来信，我们等待你的好消息。"

雷锋说："放心吧！我会的，团山湖永远是我的家。"得到农场场长和县委领导的支持，他非常激动，在填写鞍钢的招工表时，把自己的名字雷正兴改为雷锋。

那一次，鞍钢在望城县招工 60 多人。他们于 1958 年 11 月 12 日启程，在长沙火车站乘车北上鞍钢。

招工方为了便于管理确保安全，特意把 60 多人分为三个小组。雷锋是第三小组的组长。组长的一个重要职责是照顾本小组的成员，尤其是女同志。雷锋这个小组有三个女同志，分别是杨必华、张月琪、易秀珍。

雷锋与同小组同伴们一一打过招呼，人都到齐了，他便把车票和生活补助费分发给大家。他看看张月琪和易秀珍，回头小声对杨必华说："杨姐，你多照顾她们两个女同志。"

杨必华说："我又不是小组长，为什么要照顾她们，你这个组长是干什么的？"

雷锋说："因为你们都是女孩子，更方便。"

杨必华说："你这个小组长方便了，我们组员就不方便了。"

雷锋马上说："那我现在任命你，为你们三人的小组长。"

杨必华纠正他："你是小组长，我只能是小小组长。"

同志们听了都笑了。

大家到齐了，各自寻找好自己的座位。一个小组的坐在一起，以便彼此照看。

晚上 9 点 15 分，列车开动了。这批年轻人透过车窗，望着站台上移动的灯光、人影及远去的风景，情绪是激动的，也是低沉的，谁也不说话。

过了一会儿，大家心情逐渐平复下来，互相做了自我介绍，三个女孩子很快成为姐妹。杨必华主动地亲近另外两个女孩。易秀珍是长沙五中的学生，已经考上高中，放弃了升学，出来闯荡。张月琪是长沙郊区的绣花姑娘，丢下了手中的绣花针，到北方来炼钢打铁。

1958 年 11 月 13 日上午 8 时，列车到了武昌。由于换车，他们要在这里逗留七八个小时。60 多位准钢铁工人高高兴兴地下了火车，准备一睹武汉三镇的风采。他们在家乡的时候，就听说武汉是一个大城市，比长沙市还要大，有许多的名山、名水、名楼。

按照招工方的要求，大家志愿组成观光游览小组。杨必华和易秀珍跟随雷锋，雷锋去哪里她们就去哪里。

雷锋说："武汉市很美丽，各个地方都想去看一看，但是最想去看武汉长江大桥。"三个人一拍即合，一起去长江大桥。

他们迎着初升的太阳，以轻盈、快捷的脚步，走在武昌大街上，径直朝长江大桥奔去。凉爽的江风吹拂着他们红润的面庞，梳理着他们青春的秀发。那辽阔的长江、雄伟的大桥展现在他们面前，让他们赞不绝口。

雷锋站在江边，仰望着大桥，眼里闪烁着激动的光。突然说出来一句没头没尾的话："原来都是钢铁呀！"

雷锋北上前往鞍钢途中，在武汉长江大桥的留影

“你说什么？”易秀珍似乎没有听懂他的话，反问了一句。杨必华也觉得有些莫名其妙。雷锋神情庄重地指着大桥说：“你们看！那下层铁路桥是什么造的？钢铁！那上层公路桥是什么造的？钢铁！全是钢铁！这需要多少钢铁呀！”

听他这样一说，杨必华和易秀珍马上明白了。杨必华插了一句：“不知道这些钢铁，是不是鞍钢炼出来的。”

“我国刚刚建立了这座长江大桥，中国的江河多的是，今后还需要建立多少这样的大桥呢？还需要多少钢铁呢？”雷锋像是回答杨必华和

1959 年 1 月 18 日，鞍钢化工总厂门型吊车组师徒留影（后排左一为雷锋）

易秀珍，又像是自言自语。

雷锋很欣赏武汉长江大桥，他要记住这座钢铁大桥。于是，他站立在大桥旁，留下了青春的记忆。

他们走在宽敞、漂亮的桥面上，他们走在武汉繁华的街道上，说说笑笑。他们在想着明天，想着他们即将投入的祖国的钢铁事业。他们的心早已飞了，飞向了远方的鞍钢。

12

在天安门广场

在 20 世纪 50 年代，能够坐火车远行是一件很开心的事。甚至比今天坐飞机、乘高铁还要过瘾。但那时候的火车还是比较慢的。从湖南长沙到辽宁鞍山，需要三天的时间。其中，有两个大的火车站，要停留七八个小时，一个在武汉，另一个在北京。

这些没有出过远门的年轻人，不感到厌烦。恰恰相反，他们把这看作是长知识、见世面的好机会。火车到了北京，他们一窝蜂似地涌出车门。

在这些人里，雷锋格外兴奋。他似乎早已做好了准备，走出火车站，就直奔天安门广场。他看到广场是这样的宽阔，天安门是这样的雄伟，比自己想象的还要壮观。

雷锋是一个爱美的人，非常喜欢照相。在他经过的地方，对于自己喜欢的景物，只要有可能，他都不会错过留影的机会。他手提着自己从家乡带来的标志性的苇编提篮，在天安门广场拍了一张相片。走了一圈，他向周围看了看，发现不远处，有一个人在骑摩托车照相，他感到很有新意和时代感。他索性走过去，向人家借摩托车照相。对方看他谦虚、真诚的样子，很乐意借给他，于是他在天安门前照了一张骑摩托车的相片。

雷锋很留恋天安门广场，他站在金水桥上，双眼凝视着天安门城楼，思绪万千。他想到这里是毛主席宣布中华人民共和国成立的地方，是五星红旗升起的地方，也是毛主席居住、办公的地方。也许在这里就能够见到毛主席。

雷锋在天安门广场借了一辆摩托车留影

执勤的战士看他在这里停留了很久，便走了过来。雷锋问执勤的战士：“你在这里执勤，一定见到伟大领袖毛主席了。”

执勤战士告诉他：“毛主席不住在这里，而是住在中南海，我在这里执勤两年也没见过毛主席。”

雷锋明白了，只有开大会的时候，毛主席在这里接见英雄模范，才能看到。雷锋是多么想见到毛主席呀！当他 22 岁牺牲的时候，见到毛主席依然是他的梦想。他曾多次在梦中见到伟大领袖毛主席。

在 1959 年 10 月的一篇日记里，他写道：“我在昨天晚上做梦就见到了毛主席，他老人家像慈父般抚摸着我的头，微笑着对我说：好好学习，永远忠于党，忠于人民！我高兴得说不出话来了，只是流着感激的热泪！早上醒来，我真像见到毛主席一样，浑身是劲，总觉得这股劲，用也用不完。我决心听党的话，听毛主席的话，永远忠于党，忠于毛主席，好好地学习，顽强地工作，为党和人民的事业贡献自己的一切，做

雷锋在天安门广场拿着家乡的苇编提篮留影

一个毫无利己之心的人。我一定争取实现自己最美好的愿望，真正见到我们最伟大的领袖毛主席。”

在1961年7月1日党的生日这一天的日记里，他写道：“今天早上起来，我感到格外的高兴，原因不是别的，昨晚我梦见了伟大的领袖毛主席。正好今天又是党建立40周年的诞生日。今天，我有向党说不尽的话，感不尽的恩，表不完为党终生奋斗的决心……亲爱的党，我慈祥的母亲，我要永远做您的忠实的儿子……为建设社会主义和实现共产主义，而献出自己的全部力量，直至生命结束。”

1962年7月1日，是他经历的最后一个党的生日，他在日记中写道：“今天是党的生日，在这个伟大的节日里，我激动的心啊，像大海里的浪涛一样，不能平静……今天，我当了家，做了国家的主人，得到了自由和幸福，内心是何等的感激党和毛主席啊！我时刻都想掏出自己的心，献给伟大的党。忆过去，我刻骨地痛恨三大敌人。想今天，我万分感谢党和毛主席的恩情。望将来，我信心百倍，浑身是劲，坚决为共产主义事业奋斗到底。为了党，我愿洒尽鲜血，永不变心。为了革命，为了阶级的最高利益，我时刻准备着，挺身而出，牺牲自己的一切。为了人类的解放事业——共产主义，我要献出自己的毕生精力和整个生命。”

13

斯大林 80 号

1958 年，雷锋初到鞍钢时，人事部门查看雷锋的档案，得知他在望城县当过公务员，政治可靠，有意让他给公司经理当通讯员。可他说啥也不干，要到一线炼钢。后来，领导考虑到他在老家开过拖拉机，有一定的技术，便分配他到化工总厂洗煤车间当了推土机手。

车间主任于明谦将他带到洗煤车间。18 岁的雷锋个子矮矮的，身材瘦瘦的，一副娃娃脸，梳着刘海，很精神、很聪明，也很可爱。

一见面，于明谦主任就向工段的白明利主任介绍，这是雷锋，开过拖拉机。

白主任打量着雷锋的个头，心里有些犯嘀咕。雷锋开过拖拉机再学推土机，技术上没问题，可他太瘦小了。

雷锋驾驶过的斯大林 80 号（C-80 型推土机）

于主任有事先走了，白主任便和雷锋闲

聊起来。

白主任说："你在农场开拖拉机每月工资多少？"

雷锋说："32元。"

"你知道在这里学徒，每月工资多少？"

"我没问过，不晓得。"

"我告诉你，在这里学徒每月只有22元，比农场少拿10元，你不怕吃亏？"

"吃亏？不，我不是为钱来的。"

"那你大老远地到鞍钢来是为什么？"

"为了炼钢嘛，为了1070嘛！"（1070万吨钢是中央为1958年确定的全国钢产量。）

与雷锋初次见面的这次对话，给白明利主任留下的印象太深了。白主任决定让雷锋跟李长义师傅学开推土机。

当时，洗煤车间有两种型号的推土机，一台是德国生产的特54，这台推土机比较小，马力相对也比较小。而另一台是苏联生产的斯大林80号，比较高，马力也比较大。

领导考虑雷锋的个子比较矮，身体也不那么强壮，就分配给他那台德国生产的推土机。可是，在征求雷锋的意见时，他却怎么也不肯接受。领导们感到有些意外。

雷锋说："我不开这个小的，我就开那个大家伙，它个头大，马力强，功率高，能多出活，多做贡献，我是不怕苦的，我是为1070万吨钢铁而来的。"

雷锋是这样说的，也是这样做的。他到岗位后，虚心向师傅们学习，不懂就问，对师傅们也特别尊敬。他的技术水平提高得很快，在较短的时间里，就能独立工作了。

会开推土机以后，他发现推土机出故障，找维修工人修理要耽误很长时间，会影响生产。于是，他就利用业余时间向修理工人学习维修技术，在很短的时间内，基本掌握了推土机的性能和一般故障的排除方法。他在工作时，一发现推土机出故障，就及时地排除，既节省了维修的费用，又保证了生产的顺利进行。

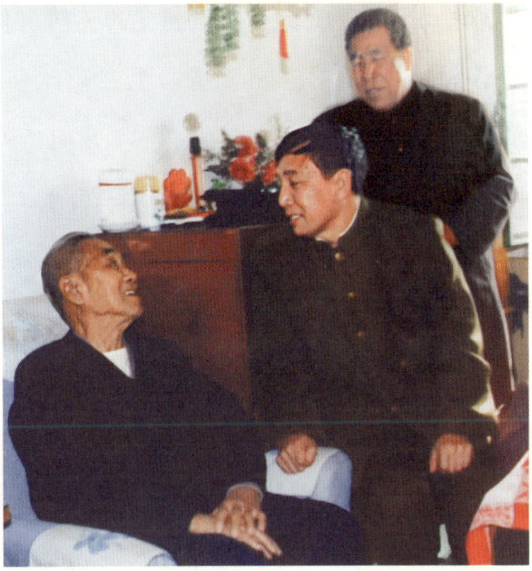
雷锋的车间主任于明谦（左一）

雷锋的这一行动，带来很大的反响，他的经验很快在车间推广开来。很多工人既能操作又能维修，成了多面手，这对生产有很大的好处。

雷锋爱护设备胜过自己，他精心操作，又精心维护，一有时间就去保养推土机，从而保证了设备的完好率。他使用的推土机多次被评为工厂和车间的红旗设备。

雷锋在洗煤车间，一共工作了九个月零五天，1959 年出席了鞍钢青年社会主义建设积极分子大会。雷锋在大会上这样表达了自己的心情——

敬爱的党委和全体师傅以及青年朋友：

今天我以万分高兴的心情来参加这次大会，通过于主席的报告和许多同志的发言，使我更认识到党的英明、伟大和正确。

……

敬爱的师傅们：自我去年11月间离开机关，踏入了伟大的工人阶级的队伍，我是感到非常荣幸的。由于工厂党委对我的亲切关怀和师傅的耐心教导，以及大家的帮助，使我很快地学会了新的技术。这是党的光荣，也是师傅们的光荣，是我个人的荣幸。师傅们，我们一定要继续努力，克服困难，为完成钢的生产任务而贡献出我们的一切力量。

今天我又感到十分惭愧，我入厂到现在没有为党做出多大的成绩。通过今天的大会，使我明确了只有依靠伟大的党和广大群众，克服一切困难，积极热情地工作，才会做出成绩。现在我只有以实际行动，以出色的成绩来感谢党和师傅们的亲切关怀和照顾。

在这里，我向党宣誓，向党保证：

一、我保证听党的话，服从组织调配。

二、向先进学习……破除迷信，发扬敢想敢做的共产主义的高尚风格，向科学堡垒进攻。

三、保证勤学苦练，虚心向师傅们请教，求得对机械的彻底了解和运用。

四、保证百分之百出勤，做到大病坚持干，小病不下火线，没命干。

五、保证按时参加各种会议和学习，在近两年内达到能文能武的多面手。

六、不违反劳动纪律，踏踏实实地干工作。

14

勤奋的学徒

雷锋来到工地，还没有见到师傅，就一个人先上了斯大林 80 号推土机。在驾驶室里看到长短不一的操作杆有七八个，摸一摸这个，动一动那个，一个个与拖拉机的零部件比较。

李长义师傅从车间开会回来，远远地就看见推土机驾驶室里有一个人。他心里嘀咕着：是谁这么大胆，随便到我的推土机驾驶室里。他三步并作两步，上前大吼一声：“是谁家的孩子，这么淘气，不好好地上学念书，跑到这里干什么？”

雷锋听到吼声，马上从驾驶台上跳下来，打量着这位老师傅，笑呵呵地说：“您一定是李师傅吧！我是新来的徒工，不是来淘气的。”

“徒工？”李师傅反问了一句，便想起来了。领导已经和他打过招呼，要派个徒弟兼助手，可是没想到，来了这么一个孩子。他有意无意地问：“多大了？”

“快到 18 岁了。”

“骗人，你有 18 岁？”

“1940 年冬天出生的，您算一算我多大了。”

“我看你顶多也不过 16 岁。”

“那是两年前的事了。”

“叫什么名字？”

“雷锋！”

“什么？雷风？姓雷就可以了，还什么风啊雨呀的。”

“师傅，我的名字不是刮风下雨的风。”

“那是什么？是山峰的峰，高峰的峰？咱们是工人就是老老实实地干活，不要好高骛远。”

雷锋的师傅李长义（前排右二）

“师傅，也不是高峰的峰，当然也不是山峰的峰，是先锋的锋，就是多干一点活，多出一点力，也是争先锋打头阵的意思。从家乡来鞍钢之前，现改的名，还是县委书记亲自批准的。”

“这还差不多。你来之前，在家是干什么的？”

“在农场开拖拉机。”

“那你是为什么来的？”

“为了炼钢呀！我是响应祖国的号召，为了大办钢铁，为了完成国家提出的今年炼钢的总指标而来的。”

“哎？我还没看出来，你这个娃娃，人不大口气可不小，有点志气。刚才是谁派你来的？”

“车间于主任。”

“见过工段里的白主任没有？”

“见过了，他开会去了，叫我自己先来见师傅，过后他再找您谈谈。”

“你还挺会说的，这几句话说的好像18岁还多一些。看来这个徒弟我收也得收，不收也得收，就算我多带一个孩子吧！”

“什么孩子？您说我是您的孩子？我最喜欢人家把我当作孩子，我从小没爹没娘，无依无靠，孩子多么好听呀！家乡解放后，乡长彭德茂把我当作孩子，县委书记张兴玉把我当作孩子，今天您又把我当作孩子，那么说您收下我为徒了？我永远是您的孩子，我会一生孝敬您的，我不会让您操心的。”

李师傅继续说：“跟我学徒，我可把丑话说到前边，这个斯大林80号是苏联生产的重型机器，驾驶起来振动力大，劳动强度也大，技术也很复杂。一年四季顶风冒雪露天作业，又脏又累，特别是冬天手脚冻得像猫咬似的，你这个南方来的小鬼吃得消吗？”

雷锋满不在乎地说："放心吧！师傅，过去什么苦我都吃过，什么罪都遭过，我是不怕困难的。"雷锋想了想又说："师傅，您放一百个心，我不会给您丢人的，不会给您丢手艺的，不会给您掉链子的。"

李长义觉得这个刚来的小青年还有点骨气。就这样，他收下了雷锋这个徒弟。他们没有举行传统的拜师仪式，而是在车间和工段领导的主持下，签订了为期一年的"师徒包教包学"合同，两个人都在合同上签上了自己的名字，形成了新型的社会主义工业企业的师徒关系。

从上班的第一天开始，雷锋每天都来得早走得晚，工作勤勤恳恳，虚心学习，不懂就问，还不到一个月的时间，自己就能驾驶推土机进行单独作业了。几乎全工段的人都夸奖他，说李长义带的这个小徒弟真不错。李师傅听了心里乐滋滋的。

冬天，驾驶推土机在冰雪覆盖的露天煤场作业，是一般人难以忍受的，就连许多东北的本地人都吃不消，对于雷锋这个从南方来的年轻人更是一种严酷的考验。

每逢风雪天，在门型吊下作业时，李师傅在驾驶室里驾驶，雷锋都要跳下来在前面指挥，保证吊车司机和推土机手在能见度比较差的情况下安全操作，避免两个大机器相撞，他害怕机器碰了自己的师傅，一心要保护师傅的安全。

那一年的冬天实在太冷了，李师傅坐在驾驶室里冻得受不了。他想到在风雪里的小徒弟，比自己更冷。他不时地望一望驾驶室外面的徒弟，雷锋把棉帽子的两个帽耳子紧紧地系在下巴下面，嘴巴里呼出来的热气在帽耳毛上和帽檐上结成一圈儿白霜，漫天飞舞的雪花夹杂着煤面子飘落在他身上。

李师傅感到心疼，在工间休息时，他停下车，把雷锋拉到屋里烤火。

雷锋却客气地说："师傅，你去烤火吧！我不冷，我到驾驶室里坐一坐就可以了。"长此以往，李师傅发现，雷锋一方面是到驾驶室里熟悉驾驶技术，另一方面是担心水箱和发动机冻坏了，不断地发动机器，保证作业。

李师傅心里惦记着在风雪中的徒弟，也惦记着继续抓紧工作，把雷锋换下来。可是当他蹬上驾驶室，发动机器开始作业时，却看到雷锋根本没有去烤火，而是又在前面手里举着小红旗指挥车辆，保证生产安全。

雷锋这种工作态度和吃苦精神，不仅打动了李师傅，也深深地感动了周围的每一个人。李师傅对车间和工段的领导说："当初，我们没有看错这个湖南的小青年。"

车间的于主任对工段的白主任说："当初你还不愿意要他呢，干脆现在我把他领走算了。"

白主任对李师傅说："当初，你也是不愿意收这个小徒弟，干脆现在我给你换一换算了。"

李长义理直气壮地说："我的这个徒弟是板上钉钉了，谁也换不了，领导说了也不算。我和雷锋是签订了师徒合同的，是改不了的，否则那是违法的。"

雷锋在化工总厂的洗煤车间工作期间，三次被评为先进生产者，五次被评为红旗手，18 次被评为标兵。

15

皮夹克风波

如果说雷锋有补了一层又一层的“千层底”袜子，每个人都会欣然接受，不惜赞美之词；如果说雷锋有高档的漂亮皮夹克，有的人就会感到惊讶，表示怀疑。二者形成了巨大的反差，这个矛盾存在了几十年，引发了一次又一次的讨论。

雷锋有“千层底”的袜子是事实，而雷锋有漂亮的皮夹克也是事实。二者在同一个历史时期出现在同一个人身上，尤其是雷锋这个家喻户晓的榜样身上，引起争议也是事实。引起争议是在所难免的，也可以说是理所当然的。争论得越激烈越能说明问题，越能让人们清晰地认识到雷锋的伟大、雷锋的高尚和雷锋人格的魅力，雷锋与一般人的不同之处，雷锋内在的巨大张力和坦荡胸怀。

许多年来，在许多人眼里，雷锋的着装和举止已经定型了。无论什么时候，在什么场合，雷锋都是穿旧衣服、破衣服和打补丁的衣服。无论走到哪里，无论做什么，雷锋都在随时随地打扫卫生、捡破烂、拾牙膏皮、拾布条、拾螺丝钉、节约箱不离身。总而言之，雷锋是一个勤俭节约的标兵，艰苦朴素的典型。

1959年12月，雷锋身着褐色皮夹克，在鞍山照相馆留影

生活这样俭朴的人，能有那么漂亮的皮夹克吗？他不仅有皮夹克，还有料子裤、皮鞋和手表。特别是在20世纪五六十年代，皮夹克是什么档次？可能与现在的裘皮、貂皮差不多。

1959年，在鞍山市的青年商店，雷锋买了一件皮夹克，是天津公私合营光华皮件厂生产的“光荣花”牌的，定价44元，花去了他差不多一个月的工资。

这应该如何解释？首先，雷锋买得起，他有这个经济实力。雷锋当时的生活水平比普通老百姓高出一截。鞍钢工人的工资本来就高。大多数的鞍钢工人，都是本地人，要养家糊口，而雷锋是一个人生活，自己挣钱自己花，所以他的生活水准自然高，应该说他是有余钱的。而且他早年就在湖南老家参加工作，挣工资已经有几年了，他是有积蓄的。

其次，雷锋有这种精神需

求。他在家乡，听到鞍钢来本地招工的消息，欣喜若狂，积极报名，一心想当一名钢铁工人。来到鞍钢，他看到宽阔的厂区无边无际，高大的厂房高耸林立，炼钢炉里烈火熊熊，炼钢炉前，奔流的钢水，喷发着四溅的钢花，像一条飞奔的小河。钢铁工人戴着前进帽，脸上泛着红光，有的双手挥舞着大铁铲，有的双手紧握长长的大铁钩，个个都那么神气，那么英俊，那么豪迈。

在这样的工厂里，雷锋兴奋无比，他的脸上总洋溢着笑容，走路都哼着小曲，他感到处处充满阳光，每天都像过节一样。他多么想展现一下钢铁工人的崭新面貌，多么想用一种形式表达内心的喜悦和美满的幸福生活。穿上时髦的衣服是工人的普遍期待，尤其是年轻工人。雷锋作为年轻工人的代表这样想是理所当然的。

再次，有相应的人文环境。雷锋是与湖南的老乡一起来鞍钢的，这些老乡都是年轻人，整天一起生活、工作、学习，甚至业余活动时都在一起。青年人总是互相激励和勉慰的，尤其是三位女老乡——杨必华、张月琪、易秀珍。

这三姐妹有一个共同的心愿，就是打扮一下雷锋这个老乡。她们动员雷锋一起去商店，不厌其烦地劝说雷锋买新衣服，终于，雷锋买了这件皮夹克。回到宿舍，雷锋穿上皮夹克，又配上料子裤和皮鞋，非常精神。老乡、工友们齐声叫好。

不久，雷锋收到家乡县委书记的来信，勉励他在新的环境里，在新的工作岗位上，继续发扬艰苦奋斗的革命精神和勤俭节约的工作作风。告诉他中华人民共和国是建立在一穷二白的基础上的，底子很薄，社会主义建设也还刚刚开始，普通老百姓的生活还很贫困，需要千百万人的共同努力，才能改变贫穷落后的面貌，青年人更应该走在前头。

这唤起了雷锋的思考。正在这时，党和政府发出了“开展增产节约运动”的号召，各级党、团组织都要求共产党员和共青团员积极行动起来，响应党的号召，发扬艰苦奋斗的优良传统。

一天晚上，开完了团小组会，雷锋一个人回到宿舍，翻看着新买的皮夹克等，怎么看怎么不是滋味。想到党、团组织的号召，暗暗地责备自己：我是一个苦孩子出身，在旧社会流浪街头，四处讨要，吃不上穿不上，这才过上几天好日子，而且周围的老百姓生活依然很贫困，我怎么就讲究起来了呢？怎么就把党的艰苦奋斗的优良传统丢掉了呢？

这一夜，他翻来覆去地睡不着觉。旧社会的苦，新社会的甜，一幕幕地在他头脑里“过电影”。他警告自己，绝不能好了伤疤忘了痛，绝不能只想自己一个人而忘了老百姓；绝不能丢掉党的艰苦奋斗的光荣传统。那么应该怎样做呢？雷锋终于悟出一条道理，干革命不能靠“自来红”，不能靠“吃老本”。人的思想和螺丝钉一样，要经常清洗和保养，否则是会生锈的。人必须不断学习，不断检查，不断改造，才能不出毛病。

于是，他在1959年的一天，写下了这样的日记，告诫自己：“要记住：在工作上，要向积极性最高的同志看齐；在生活上，要向水平最低的同志看齐。”从那时候开始，雷锋把自己的皮夹克、料子裤等放入箱底。

此后，很少有人见过雷锋的皮夹克，直到他牺牲，他的衣物被收藏到博物馆。

在过去艰苦奋斗和勤俭节约的年代，雷锋有皮夹克的消息自然而然地被封锁了，而“千层底”袜子却广为流传。

2000年，新的世纪开始了，人们希望雷锋与时代同行。一家出版社的编辑从原雷锋所在团摄影师那里，意外得到了一幅大家从来没见过的雷锋穿皮夹克的照片，让无数的人大吃一惊。

这张照片，与过去在宣传雷锋过程中所发表过的照片截然不同。照片里，雷锋脸上洋溢着笑容，头上的黑发茂密而蓬松，边缘整齐，还梳着刘海。时髦的皮夹克穿在他身上，既紧凑又合体，他双手自如地插在皮夹克两边的斜兜里，脚穿一双黑亮的皮鞋。

这个照片一出现，有的人拍手称快，认为这才是中国的雷锋，社会主义的雷锋，当代的雷锋；有的人接受不了，甚至怀疑这不是雷锋。

有一天，《沈阳日报》发表了一篇关于雷锋穿皮夹克照片的文章。文中阐述雷锋对现实幸福生活的热爱和未来美好生活的向往，展示了中华人民共和国工人阶级的崭新面貌。文章特别强调了雷锋的皮夹克，与“千层底”袜子的辩证关系。皮夹克是雷锋当时的实际生活水平，而节衣缩食穿“千层底”袜子是雷锋的道德标准，是当时广大普通老百姓的生活水平。

雷锋自己过着艰苦的生活，把节省下来的衣物送给老百姓，说明雷锋在经济上是富有的，在精神上也是富有的。这个反差越大，说明雷锋越伟大、越高尚。

16

鞍钢工人两班倒

雷锋成为工人以后，主人翁的意识更强了。他来到鞍钢以后，分配到推土机作业班，他除了完成自己的本职工作外，还积极参与其他的工作，只要是对工厂有利的事，他都踊跃参加。

1959 年 2 月，雷锋在鞍钢的班组获得红旗组后的合影（后排右二为雷锋）

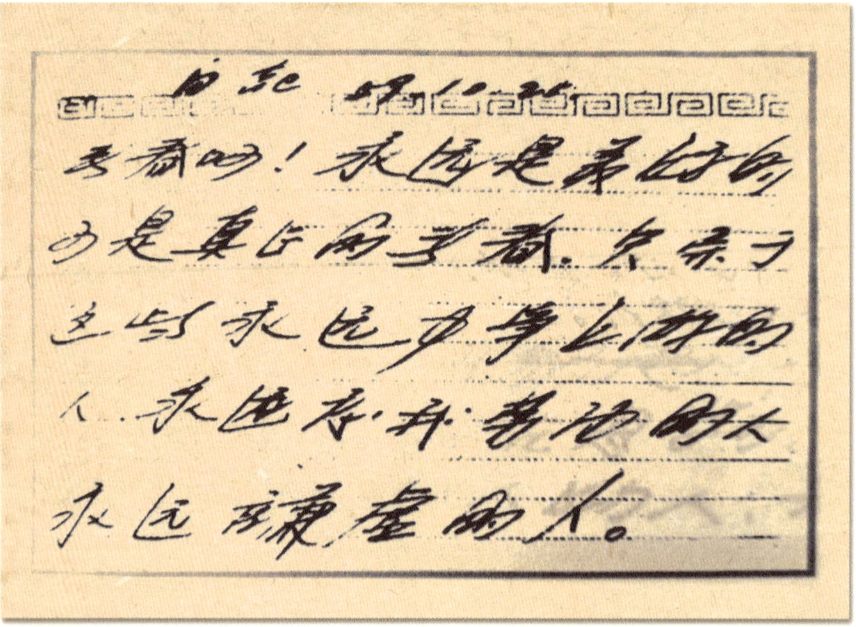

青春啊！永远是美好的，可是真正的青春，只属于这些永远力争上游的人，永远忘我劳动的人，永远谦虚的人。

雷锋诗作手迹

当时，鞍钢的工作任务很重。化工总厂抽调各班工人参加炼钢。雷锋所在的推土机作业班人手少，任务重，没有被抽调，可雷锋却利用休班时间主动参加炼钢。工人都是三班倒，每个班工作八小时。雷锋每天上两个班，一个是推煤，一个是炼钢，忙得不可开交。

有的工友不理解他为什么这样？原因很简单，他太爱工厂了，他太爱钢铁了，他太爱集体了。于是，他写下了这样优美的诗句：

每天看着工厂里高大的厂房，高高的烟筒上空白云飘荡；每天工作在作业场地，听着隆隆的机器声；每天走在厂区的林荫道上，欣赏顶天立地的白杨树；特别是观看那连绵不断的钢花铁水，真有些心旷神怡。

雷锋在各项工作中，都是争先恐后的，在学习方面更是努力。他不仅自己刻苦学习，也热心帮助他人。

1959年春天，洗煤车间办了一个职工夜校，组织工人学习初中数学和文史地理，高小文化程度的工人都要参加。

刚开始，雷锋只是一个学员，后来由于教员紧缺，他便做起了兼职语文教员。他认为做这件事很有价值，因此，特意到照相馆留影。

他手里拿着书卷，脖子上围着“五四式”围巾，头发耷拉到眉梢。身后的背景是小桥流水、宝塔绿荫。多么青春，多么动人。这不禁让我们想起他的诗作：

青春啊！永远是美好的，可是真正的青春，只属于这些永远力争上游的人，永远忘我劳动的人，永远谦虚的人。

他还写了一首诗赞美青春：

汽笛，对着初升的朝阳，
情不自禁地高声歌唱，
迎接英姿焕发的工人走进工厂。
啊！钢铁的心脏——鞍钢，
为了祖国的工业化，
你永远不知疲倦地繁忙。
你那高大的厂房，

建筑在数十里的土地上。
红彤彤的铁流，
像滚滚的长江水一样，
昼夜不停地奔忙。
如果谁要是在远处瞭望，
就能看到鞍钢全部的景象；
从森林般的大烟筒里，
吐出一股股黑黑的浓烟；
夜晚像无数条火龙在闪闪发亮。
把浓烟映得像五彩缤纷的彩云一样。
在这浓烟下面，
就是我们工作的厂房。
啊！真仿如神话般的天堂，
这里的工厂主人，
都在夜以继日地繁忙，
热情地歌唱。
歌唱我们的新生力量，
我们的厂房——鞍钢焦化厂。

17

奔赴弓长岭矿山

1959年，鞍钢继续扩大规模，不仅从全国各地招工，而且要扩大厂区，在弓长岭开辟新的矿山。

在鞍钢化工总厂洗煤车间当推土机手的雷锋

这个新开辟的弓长岭矿山虽然是鞍钢的企业，但是不在鞍山，而是在辽阳地区。那是一个偏僻的山区，环境荒凉，远离城市，条件艰苦。工人住的是动迁后的土民房，破旧不堪，四处透风，睡的是大通铺。食堂和厨房都是现搭的席棚子。用水也很困难，洗脸、洗衣服要到二里以外的太子河。

听到这些情况，有些年轻人便退缩了。雷锋坚决要求到艰苦的地方，到弓长岭去大干一场。

他第一个报名，并在动员大会上表态。他是一个锐意进取、自强不息的人。正如他在日记里所说：“不经风雨，长不成大树；不经百炼，难以成钢。迎着困难前进，这也是我们革命青年成长的必由之路，有理想有出息的青年人必定是乐于吃苦的人。”

他的行动极大地鼓舞了青年人，也带动了许多人，使组织的动员工作一下子打开了局面。大家争先恐后地报名。雷锋的行动产生了连锁反应，有些没有报名的青年人，也有了去弓长岭的打算。

那时候，年产30万吨焦炭的焦化厂才刚刚打地基，正在建设厂房。

雷锋在1959年8月26日的日记里这样说：“自从由鞍山转到弓长岭以来，自己就抱定决心：一定要很好地工作、学习，争取加入中国共产党。”

1959年4月，雷锋所在班组获得红旗组后的合影（后排左二为雷锋）

18

雨夜盖水泥

生活中有这样一种事，看起来很容易，做起来却很难。比如，雷锋在雨夜用自己的被褥盖公家的水泥。

1959 年 11 月 14 日晚，雷锋正在弓长岭焦化厂的调度室里阅读毛主席著作。

这时，从矿上开会回来的王师傅来到调度室，看了看外面说："我今天去开会，听气象台预报说今晚有大雨。"正说着，外面响起了雷声，几道闪电雷鸣后，噼里啪啦地下起雨来。

陈调度员突然说："哎呀！不好了！我们建筑焦炉的工地上，还散放着今天白天刚刚运进来的 7200 袋水泥呢！若是被雨淋了，那事情可就大了！无法交代呀！"陈调度员急得不知如何是好。

在这紧要关头，雷锋说："师傅们，我来想办法，回宿舍去发动大家，起来盖水泥，抢救国家财产。"说完，他冲出门外，消失在茫茫夜色之中。雷锋跑回宿舍，一时找不到盖水泥的东西，伸手就把自己的被子抱出来，跑到工地盖在水泥上。看一个人不够，他又发动了 20 多个小伙子，终于把 7200 袋水泥盖好了。

对于这件事，焦化厂出了板报，编排了快板、话剧等文艺节目，进行宣传。

1959 年 11 月 20 日，共青团辽宁省委机关报《共青团员报》，同样以《抢救水泥》为题进行了报道。

1959 年 11 月 14 日，雷锋在日记中作了这样的记述：

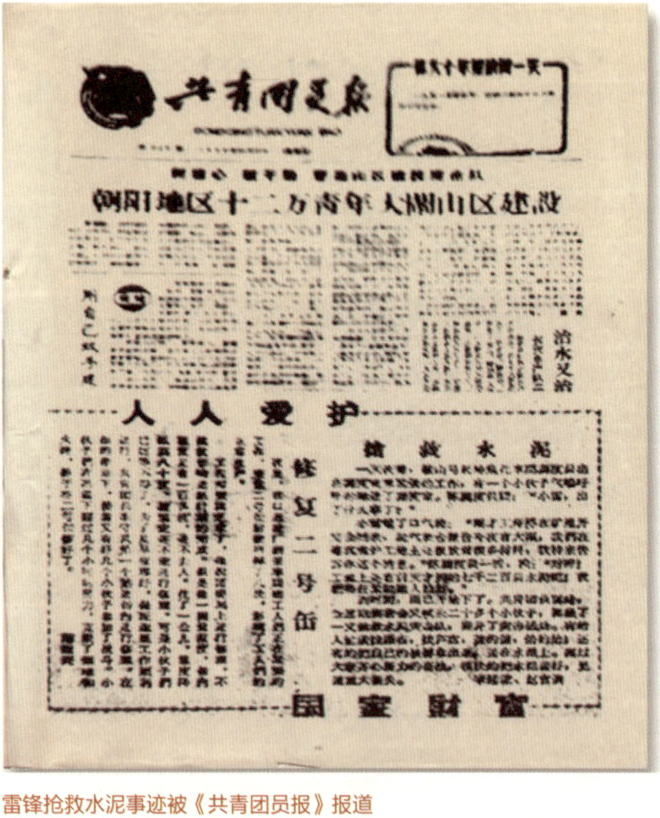

雷锋抢救水泥事迹被《共青团员报》报道

……雨越下越大，这时，我猛然想到了党的教导，要我们爱护国家财产，又想到了我是一个共青团员。想到这些，一种无穷的力量鼓舞着我，急忙跑到工地，用自己的被子，并脱下了衣服，抢着盖在水泥上。后来，我又跑到宿舍，发动了20多个小伙子，组织了一个抢救水泥的突击队，有的忙着找雨布，有的忙着找芦席，盖的盖，抬的抬，经过一场紧张的战斗，避免了国家的财产受到重大的损失。

19

同行的老乡

易秀珍是雷锋从湖南家乡来鞍钢的时候，同行的三个女老乡中年龄最小的，比雷锋小几个月，是唯一一个可以让雷锋称为妹妹的。

在长沙火车站分别时，易秀珍与母亲抱头痛哭。她给雷锋留下的第一印象，就是眼泪。

雷锋是个见不得别人受苦的人。在离开家乡来到鞍钢以后，易秀珍在困难面前多次流泪、哭泣，雷锋也多次劝慰她。

雷锋离开化工总厂去弓长岭的时候，给易秀珍留下一个日记本。上面写了一段赠言：

船，能够乘风破浪才能前进；人，能够克服困难才能生存。

易秀珍反复翻看雷锋给她的留言和《钢铁是怎样炼成的》，时常想起雷锋对她的帮助和鼓励，想起雷锋在困难面前的坚毅和乐观，想起雷锋引用的保尔的名言。在雷锋离开半个月后，她向自己提出一个问题：“为什么雷锋能吃的苦，我不能吃？为什么他能去的地方，我不能去？”

于是，她请求领导批准她到弓长岭去。

杨必华和张月琪对她有些担心，怕她是一时心血来潮，去了又后悔，再想回来可就影响不好了。于是说：“你可想好了，那里确实艰苦，听说那里还有大蛇，就在离工地不远的姑嫂城，有几条大蛇，都是碗口那么粗，几丈长，夜间躲在山洞里，白天出来在太阳底下晒鳞片。”

易秀珍本来就怕蛇，在家乡的时候还被蛇咬过一次，确有“一朝被蛇咬，十年怕井绳”的心理反应。但这次，她是铁了心了。

杨必华、张月琪虽然不愿意易秀珍走，但看到她的决心，觉得她成熟了，高兴地对她说：“那里虽然有大蛇，没关系的，那里还有雷锋，一切困难都是能够战胜的。”

说完，几个人一起大笑起来，笑得那么开心，就像湖南家乡绽放的芙蓉花，就像人人喜欢的开心果。

雷锋是1959年8月离开鞍钢到弓长岭的。易秀珍紧随其后，于9月10日来到了弓长岭。

易秀珍来到弓长岭，先到办公室报到。她连行李都没有往住的地方搬，就去工地上寻找雷锋，她想给雷锋一个惊喜。在太子河边的修建工人宿舍的工地上，易秀珍远远地看到了雷锋的身影。他正挽着裤管，打着赤脚，用脚和泥。他只顾埋头苦干，根本没注意远处有个人朝他走来。

在几步远的地方，易秀珍大喊一声：“雷锋！”把雷锋吓了一大跳。其他工友也都把目光投过来。

雷锋抬头一看是易秀珍，又高兴又惊讶，赶忙把铁锹往泥水里一插，光着两只泥脚就朝易秀珍跑过去。边跑边把满是泥浆的手往衣襟上擦了擦，说：“小易，是什么风把你刮来了？”

易秀珍说：“怎样？这地方准许你来，不准许别人来呀？”

雷锋说："到我们这里是来参观考察的？"

易秀珍说："这次来了，就不走了，要在这里安营扎寨。"

雷锋有些明白了，又问："这批又来多少人？"

易秀珍把食指一举。

雷锋似乎不相信。

易秀珍说："怎么？就我一个嫌少哇！"

雷锋听了有点吃惊地说："不少！不少！多一个人多一分力量嘛！你能够到来，太不简单了，来得太好了。"

弓长岭地处鞍山和辽阳交界的地方，企业是鞍钢的，地界归辽阳管辖。这里环境艰苦，易秀珍还真有点不适应。但她一看到雷锋，一切困难都云消雾散了。雷锋每天都很乐观，好像这些困难根本不存在。她想起雷锋给她的日记本上写的那句话："人，能够克服困难才能生存。"

雷锋来这里，依然是推土机手，可这里暂时没有推土机，他就当力工。运木料的时候，他挑大的扛；运石头的时候，他拣重的担；打零工的时候，他挑脏的、累的活干。

领导分配易秀珍当统计员，负责统计每天各班组的施工进度，因此她对每个人的施工进度都很了解。

雷锋样样工作都走在前头。他在工地上发现好人好事，还编快板、写墙报进行宣传，鼓舞大家，活跃工地气氛。也有人说他"挣钱不多，管事不少"，他一点都不往心里去。

雷锋是一团火，是一缕阳光，让那些心灰意冷的人感到温暖，让那些积极肯干的人更加努力向前。领导把他编入青年突击队，共青团支部推选他为宣传委员。

转眼到了国庆节，这是弓长岭矿的第一个国庆节，也是雷锋他们在北方过的第一个国庆节。焦化厂的工人和姑嫂城的农民举行工农联欢，敲锣打鼓热闹了好几天。工人组织了秧歌队，雷锋积极参加。

令易秀珍不解的是，雷锋扭了一天秧歌就不去了。原来，雷锋正忙着捡粪。不扭秧歌去捡粪，这是唱的哪一出？她径直去问雷锋。

雷锋告诉她，在扭秧歌的时候，他发现姑嫂城的妇女都在忙积肥，

雷锋与一起到鞍钢工作的老乡合影（后排左一为雷锋）

一边捡粪一边看秧歌，北方的农民种地比南方困难。此后，雷锋便利用工余时间捡粪积肥。

开始大家不理解，有的人以为他在积肥卖钱，有的人以为他在开荒种地。后来，他把积累好的一大堆肥，送给了姑嫂城生产队，大家才恍然大悟。

雷锋虽然年龄不大，个子也小，可他的言行时刻都在影响周围的人。这个看着不起眼的“小湖南”，开始让人感到有些与众不同了。他夜以继日地忙碌着，白天在工地上工作，早上和晚上为生产队积肥，夜里坚持看书学习。他关心国家和集体，却不关心自己。他的衬衣脏了也不及时洗，衣服破了也不及时补，吃的是馒头、稀饭和咸菜，而且吃得过快。

易秀珍看在眼里，想代表三个老乡表达关爱。

有一天晚饭后，易秀珍来到雷锋住的土屋里，准备帮他洗衣服。她看到雷锋坐在通铺上埋头写东西，悄悄走近一看，雷锋是在写日记。雷锋扭头看见了她，连忙合上了笔记本。

易秀珍说：“不要对我保密了，我都看见了，尽写些青春、美好、壮丽什么的。”

雷锋把笔记本摊开，爽快坦荡地说：“拿去看吧！管够看，我的笔记本对谁都不保密。”

日记里，都是雷锋来到弓长岭后生活、劳动、工作的记载和学习体会。有抒怀言志的，也有人生感言。“一花独放不是春，百花齐放春满园”，“一个人先进总是单枪匹马，众人先进才能移山填海”，还有“青春啊！永远是美好的，可是真正的青春，只属于这些永远力争上游的人，永远忘我劳动的人，永远谦虚的人”。

易秀珍把日记本还给雷锋。雷锋说：“看出来什么秘密了吗？”

易秀珍笑着说："你这个人我还不知道吗？是一个透明的人，一眼就能看穿，能有什么秘密？"

说完，易秀珍就要去帮助雷锋洗衣服，可雷锋说什么也不让。两个人抢来抢去，结果衣服还是没有洗成。

雷锋就是这样一个人，他总是帮助别人，却不肯让别人帮助他。他总是想着国家和集体，却很少想到自己。

在全国人民学习雷锋的热潮中，易秀珍写下这样的学习雷锋心得："如果你渴了，他就是一滴水；如果你饿了，他就是一粒粮；如果你冷了，他就是一线阳光、一团火。他很平凡，但他把自己仅有的一点光和热，全部献给了别人，献给了中国共产党所领导的事业，献给了他所追求的人类理想。因此全中国人民都要学习他，崇敬他。这是我的切身感受和肺腑之言。"

20

我想去当兵

1959 年 11 月底，下了当年冬天的头一场雪。大地已经开始结冰，东北的严寒季节来临。雷锋所在的青年突击队抢修完了最后一栋宿舍，大家高高兴兴地搬了进去。同时也在期盼自己亲手建设的焦化厂早日投产，摩拳擦掌，准备大显身手。

雷锋来到女工宿舍，帮助易秀珍等女工友搬家。易秀珍问雷锋："焦化厂投产后，你是继续留在这里，还是回鞍钢去？"

雷锋说："小易，我告诉你吧！我想去当兵！"

雷锋这个想法，让易秀珍大吃一惊。"什么？当兵？" 易秀珍愣了一下，接着说："你怎么会突然想到当兵呢？"

雷锋说："我不是突然想到的，当兵是我从小就有的愿望。你知道我是个苦孩子，是吃过旧社会许多苦头的。中华人民共和国成立以后，才过上好日子，念了几年书，又工作了几年，是党把我培养大的。我一直感到我生活得很幸福。只有受过苦的人，才知道这幸福得来的多么不易。这幸福是多么值得珍惜，多么需要保卫。现在征兵工作开始了，我准备报名了。"雷锋的这个想法，是易秀珍根本没想到的，她甚至不是

入伍通知书

神圣职责 光荣义务

雷锋同志：

你以实际行动，积极地响应祖国征召，担负起保卫祖国的神圣职责，这是非常光荣的。现经辽阳市人民武装委员会审查认为你适合服兵役的条件，特此祝贺，望你接到通知后即准备入伍，并于一月二日到[illegible]集中。

辽阳市人民武装部

一九五九年十二月[illegible]

雷锋的入伍通知书

很理解。过了几天，她回鞍钢办事，把雷锋想当兵的想法，告诉了杨必华和张月琪。

杨必华马上兴奋地说：“好哇！雷锋当了兵，肯定是能文能武的好战士，将来准能当英雄。我们有一个当过农民的小老乡，有一个当过工人的小老乡，还即将有一个当兵的小老乡，将来很可能有一个当英雄的小老乡。你回去告诉雷锋，我百分之百支持他当兵，期待他的好消息。”

雷锋从辽阳兵役局拿回入伍通知书，别提多高兴了。他把自己穿过的旧衣服包了一个包，托付给易秀珍，送给姑嫂城生产队的五保户、牧羊老人吕长太。

易秀珍和李书记把雷锋送到辽阳的南林子工农干校新兵集结点。雷锋是孤儿，给他送行的人却是最多的，足足有一汽车的人，都是工友和伙伴。

雷锋参军以后，与三位老乡和工友们一直保持联系。当得知雷锋在部队立功受奖的消息后，工友们兴高采烈。

易秀珍对杨必华和张月琪说："我们果然没看错雷锋这个人。"

杨必华说："这些还仅仅是开始，雷锋的美好前程还在后边呢！"

1960 年秋天，雷锋外出做报告，顺便回焦化厂看望曾经一起日夜奋战的工友们。此时的焦化厂已经投入生产，大家别提有多高兴了。有说有笑，易秀珍陪雷锋参观工厂，去看望五保户吕长太老人。晚上，她把雷锋送到辽阳火车站。没想到，这次分别，却成为他们的永别。

21

一波三折穿军装

1959年底，一年一度的征兵工作开始了。雷锋得知此消息欣喜若狂。他半夜睡不着，从被窝里爬起来，去敲车间李书记的门，要求加入中国人民解放军。他觉得口头表达还不够，于是又写了入伍申请书，题目是《我决心应召》。原文如下：

12月3日，当我听到车间总支李书记关于征兵的报告后，我激动得一时一刻都没有平静。夜深了，我怎么也睡不着觉，便从床上爬起来，跑到了办公室，叫醒了熟睡的李书记。我问他，我能不能入伍呀！李书记笑着回答说："能呀！像你这样身强力壮的小伙子，参加人民解放军是顶呱呱的哩。"他从头到脚仔细看了我一下说："哎呀，小雷怎么没穿棉衣呀！下这么大的雪，不冷吗？"这时我才觉得一套单衣有点寒冷，李书记把棉衣披在了我的身上。回到了宿舍，我还是不想睡觉，坐在条桌旁边写我入伍的申请书和决心书。

第二天一早，我想到车间去报头一名，天还没亮，哪知道回收工段适龄青年马守华比我更早，头一名让他得去了，真想不到我报的还是第二名。

参军！是我从小就有的愿望，人民解放军不仅是一个革命团结友爱的大家庭，而且还是一个培养青年的革命大学校。现在我的愿望就要实现了，怎么叫我不高兴呢？

……

雷锋一心想成为人民解放军战士。听到征兵的消息高兴得不得了，参加体检更是兴高采烈，那种内心的喜悦溢于言表。

当时，前来接兵的参谋戴明章对雷锋印象特别深。戴明章在 1959 年 12 月 22 日的接兵日记里这样写道：

昨晚从刘二卜返回辽阳，今天又到了小屯体检站。负责这个体检站的，有的是市医院的医生，有的是华子矿的医务人员。今天进行体检的新兵除临近农村的外，主要是弓长岭铁矿的应征青年。在体检过程中，应征青年在小学校的窗外，操场上三五成群，怀着一种不安的心情，向体检完的人问东问西。

尤其一大伙人围着一个不太高的小伙子，听他挥舞着小拳头讲家庭如何贫困，怎样受日本帝国主义压迫，表示参军是为了保卫祖国，为阶级弟兄报仇……，慷慨激昂。

当他见我凑拢过来之后，便靠近我，并用手拉着我的衣襟死命地缠住我，非要我批准他当兵不可。逗得周围的人直笑。经我询问体检组的护士华子矿的小韩这个青年的名字时，他们告诉我是雷锋，可以看得出来，他是一个好青年。

雷锋要求参军是这样的积极，接兵人对他印象是这样的好，按说他当兵的事是顺理成章的。可事实却是一波三折。原因何在？有人说是政审不合格，有人说是体检不合格。说他个子矮小，才1.54米，体重49公斤，未达到入伍要求——身高1.6米、体重50公斤。

戴明章认为，大多数人未见过雷锋，可大家都见过雷锋的照片，他虽然个子不高，但身体很结实，人很有精神。雷锋差点没有参军，是另有原因。

原来，雷锋所在工厂的领导为了挽留他，有意制造阻力。按政策规定，入伍有两个要求：一是年龄不能超，二是政审必须合格。而雷锋恰恰没有政审表，原因是工厂的领导把他的档案拿走了，谎称雷锋没有档案。

在这样的情况下，参谋戴明章特意通过电话请示了团长吴海山，汇报了雷锋的特殊情况和雷锋的积极表现，表达了自己要把雷锋带回部队的理由。

吴团长同意了戴参谋的意见，允许他在没有政审表的情况下，把雷锋带到部队，在新兵训练过程中进一步了解情况，然后再找机会到他原来的单位，把政审表补上。

这样，雷锋实现了入伍参军的理想，终于在新兵启程的前一个晚上，穿上了军装。

1960年，雷锋离开鞍山前往部队前，在照相馆拍摄的照片

22

便衣通讯员

当兵入伍，是雷锋人生的一个重大转折。他能够在入伍时排除障碍，实现自己的愿望，和一个人有关。这个人就是当时的辽阳市兵役局政委、老红军余新元。人们称他是雷锋入伍的见证人。

雷锋一心想当兵，为此寸步不离地跟着余政委。余政委这个老红军对他无可奈何，只好带他去找戴明章。

新兵集中的当天下午，接兵参谋戴明章正在办公室里聚精会神地核对新兵名册，清点新兵的入伍手续和档案。这时，进来一个人，他抬头一看，是兵役局的余政委。还没等他开口问有何事宜，余政委便从身后拉出一个人来。他定睛一看，是雷锋。

余政委不容分说："戴参谋，你先别忙，我给你送来一个小便衣通讯员。这个小雷锋总是跟着我，非要当兵不可，我看这样办，你先收下他，有关的事再说。"余政委把雷锋交给了他，便走了。

雷锋用无限期盼的眼神望着戴参谋。戴明章一时不知道说什么好，但他从雷锋的眼神里，看出了他的想法。他是那样渴望当兵，那样情愿去保卫祖国，他有着一颗赤诚的心和钢铁般的意志，诚然是铁打的心肠也会被感动的。

雷锋先开了口："戴参谋，已经开饭了，我们去吃饭吧，我去给您拿碗筷。"

在去往食堂的路上，他紧紧跟在戴明章身后，说："戴参谋，这回可以确定我当兵了吧！余政委让我给您当便衣通讯员，若是我穿上军装不就是部队的正式通讯员了吗？"他看到戴参谋在听，马上又说："我说的对吧？我行，我在家乡当过通讯员，还在县委当过公务员哩。"

戴参谋侧过脸看看他，他的眼睛里流露出一种成熟的自信和坚强。戴参谋内心已经感觉到，他会成为一个合格的通讯员，会成为一个好兵，自己是应该想办法把他带回部队去，已经连续接兵六年了，还是第一次遇到这么有意思的"小鬼"。

吃过晚饭，在从食堂回来的路上，正好遇到新兵营的荆营长和李教导员。戴参谋便向他们二位介绍了雷锋和他的经历。

李教导员一向说话比较风趣，他用地道的山西话说："这个娃还蛮机灵的哩！"然后问了一个往常向其他新兵问过的问题："你为啥要当兵？"令他意想不到的是，雷锋的回答并不像他想象得那么简单，他的话匣子一下子打开了，滔滔不绝地讲述自己的成长经历、苦难童年；共产党是如何解放了他的家乡，使他过上了幸福生活的；自己当兵是为了保卫祖国，打倒帝国主义，解放全人类……

这简直是一场有声有色的演讲。他们没想到，这个年纪轻轻、个子矮小的雷锋，竟然这样有头脑，肚子里有这么多东西，表达得这样充分、流畅。

紧接着，雷锋继续说："告诉你们吧！营长、教导员、戴参谋，你们不知道，我为了要当兵，什么东西都不要了，把被褥都已经送给老乡和工友了，衣服也都送给姑嫂城生产队的五保户吕大爷了。工厂里的李书记不愿意让我走，那也不行，我当兵的心是下定了，反正我就是要当兵，我就去辽阳市兵役局。讲给你们听吧！余政委的家我都去找过几次了，余政委的家属都很同情我，还帮我说情，可她说了不算啊！”说完“嘿嘿”一笑。

他接着说：“不然，能把我送来给你们当便衣通讯员吗？现在我知道了，你们三位就是接新兵说了算的首长，你们就批准我当兵吧！行不？我会感谢你们一生的。”

其实，三位接兵人已经被他征服了。但毕竟是接兵人，善于调侃的荆营长采用了以攻为守的对策，用带有试探性的口吻，反问雷锋：“如果我们都不同意接你当兵，怎么办？”

雷锋入伍后，拍摄的第一幅持枪照片

雷锋毫不犹豫地说："你们不接我，我就自己去，你们带新兵回到部队，我马上就跟到部队去。"他的话是那样单纯率直，他的表情紧张又可爱。

三人相信雷锋说的话是真的，他当兵是铁了心的。如果不把雷锋留下，不仅对雷锋来说是个遗憾，对他们接兵人来说也同样是个遗憾。

对于雷锋而言，走进设在南林子工农干校的新兵集结点，走进设在这里的新兵营的营部，就是正式走进了人民解放军的大门。在新兵营部的六七天时间里，雷锋与戴参谋走得更近了。不知道是因为工作需要，还是从心里喜欢雷锋，戴参谋竟然把雷锋的床铺安排在自己身边。

雷锋跟随戴参谋，寸步不离。1960 年 1 月 2 日的夜里，营部的领导工作到深夜。当他们拖着疲惫的身体准备歇息时，发现每个人的床铺前，都摆着一盆冒热气的水。正在他们诧异时，雷锋乐呵呵地说："首长们辛苦了，请你们洗脸、烫脚吧！"这么晚了，他还没有休息，一直在等待首长们回来。这样的人有谁不喜欢呢？这样好的兵有谁不抢着要呢？

更让他们没想到的是，第二天早晨，每个人床头的洗脸盆里都盛满了温水，毛巾叠成双叠搭在脸盆的边沿，旁边的杯子里装好了水，牙膏挤在牙刷上，横放在杯子上。面对此情此景，有谁能不为之感动呢？有谁能相信一个预备队的新兵，第一天就能做出这样细致、周全的事情呢？

南林子工农干校有个滑冰场，戴明章中午休息的时候便来这里滑几圈。每天中午吃完饭，雷锋就替戴参谋背着冰鞋，到了目的地，他便帮助戴参谋换冰鞋。戴参谋滑冰时，雷锋就在岸边给他看衣服。同时，向前来看热闹的人宣传应征入伍保卫祖国的伟大意义。

在这一个星期里，雷锋赢得了大家的信任，他离实现当兵的理想越来越近了。

23

新兵代表

雷锋当兵是件不容易的事，经历了一个曲折复杂的过程。当他听到自己被批准入伍的消息时，高兴得跳起来，他的心情难以平静。他急急忙忙换上司务长发给他的新军装，对着镜子照，心里充满了喜悦，仿佛他是最幸福的人。怎样来表达自己此时此刻的感受呢？他写下了这样的诗句：

小青年实现了美丽的理想，
第一次穿上庄严的军装，
急着对照镜子，
心窝里飞出金凤凰。
党分配他驾驶汽车，
每日就聚精会神坚守在机旁，
将机器擦得像闪光的明镜，
爱护它像爱护自己的眼睛一样。

雷锋到部队后拍摄的第一幅单人照片

1960 年 1 月 8 日，雷锋光荣入伍。他和他的新战友们，从辽阳的南林子出发向辽阳火车站走去。在长达四公里的街道上，来了许多欢送的人。辽阳车站中午 12 点半发车，两个半小时后，火车到达了部队驻地——营口。

火车刚刚进入站台，雷锋就从车厢里看到，全体官兵都集合在那里。队伍整齐，歌声嘹亮。虽然天气寒冷，刮着凛冽的西北风，但战士们个个不畏严寒，精神饱满，呼喊着口号："欢迎！欢迎！热烈欢迎！欢迎新战友！"

欢迎新战友的大会，在部队营区的训练场上举行，由团政治处主任张国民主持，并致欢迎辞。接着是团长吴海山讲话，然后是老战士代表任佐芝讲话，最后是新兵代表讲话。大家一个个张望，都想看一看，这个新兵代表是谁。

在一片热烈的掌声中，一位个子不高的新兵从队伍中不慌不忙地走上了主席台。他拿出讲话稿，他的声音很洪亮，讲话很有力量，博得了热烈的掌声。他就是雷锋。

他说："尊敬的首长和全体老大哥同志们！首先，让我代表新战士讲话。

我们这些新战士，能在60年代刚刚开始的日子里穿上军装，扛起枪杆，真是说不出的高兴。我们当中有工人，有社员，也有学生，来自四面八方。可我们只有一个心思，学好本领，保卫祖国，当个像样的兵，做毛主席的好战士！”话音刚落，台上台下响起了一阵热烈的掌声。

这时，一股风把雷锋的讲话稿吹乱了，他无法继续念下去。正当大家为他紧张的时候，他索性丢掉了讲话稿，慷慨激昂地继续讲起来：“刚才团首长讲话，希望我们争当一个模范战士，依我说，有党的领导，有老同志的帮助，我们大家都要有一百个信心保证当上。”

大家笑了。

“你们笑什么呀？我讲的是实话。”他继续说。

他的讲话，出乎在场所有人的意料。

团长吴海山高兴地说：“这个小战士个头不高，讲起话来，很有精神。好！讲得好！”

政委韩万金说：“政治处要注意一下，看一看雷锋分配到哪个连队，我们一定注意对他进行培养。”

1960年春节，雷锋拍摄了照片“奔驰在前线”

24

入伍第一天

每一个当兵的人，对于入伍第一天是怎样度过的，都有深刻记忆。那是每一个军人军旅生涯的开始。雷锋当兵的第一天，是和英雄一起度过的。

1960 年 1 月 8 日，是雷锋入伍的第一天。这一天，他在军营里寻找自己的偶像，那也是在给自己的人生制定目标。

白天，他在《解放军画报》上看到了黄继光的照片，深入地了解了黄继光的英雄事迹，非常感动，决心要像黄继光那样为保卫祖国而英勇献身。

他把画报看了一遍又一遍，爱不释手，最后把黄继光的照片剪下来，贴在自己的日记本里。

晚上他看了电影《董存瑞》，董存瑞舍身炸碉堡的英雄事迹让他刻骨铭心，他决心学习董存瑞不畏艰险、英勇牺牲的精神。于是，他写下了第一篇军营日记：

这天是我永远不能忘记的日子，这天是我最大的荣幸和光荣的日子。

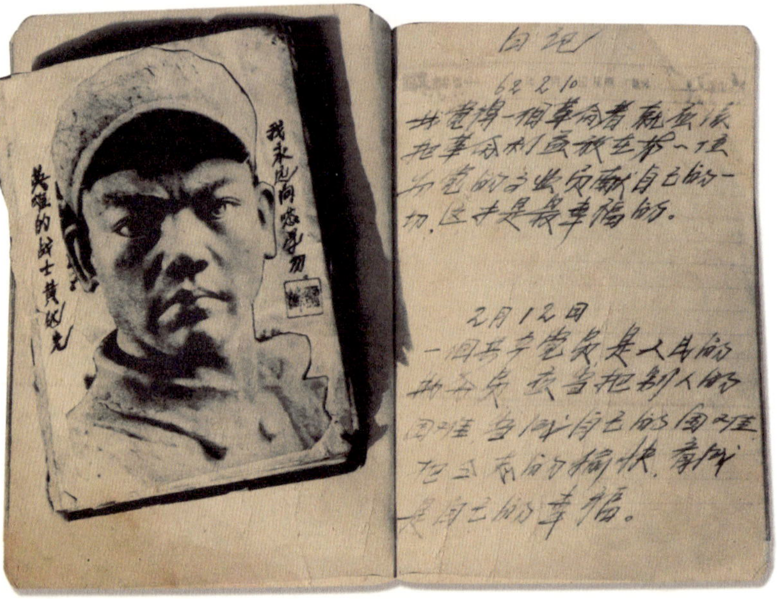

入伍第一天，雷锋把黄继光的照片贴在新的日记本上

我走上了新的战斗岗位，穿上了黄军装，光荣地参加了中国人民解放军。我好几年的愿望在今天已实现了，真感到万分的高兴和喜悦，这是我一生最大的幸福。

在党的正确领导下，在革命的大家庭里，我一定要好好地锻炼自己。在入伍的这一天，我提出如下保证：

一、听党的话，服从命令听指挥，党指向哪里，我就冲向哪里。

二、加强政治学习，多看报纸和政治书籍，按时参加部队各种会议和学习，积极宣传党的政策，密切靠近组织，及时向组织反映各种情况，不断提高自己的政治思想觉悟。

三、尊敬领导，团结同志，互帮互爱互学习。

四、严格遵守部队一切纪律，做到虚心向老战士学习，刻苦钻研，

雷锋夜读毛主席著作

加强军事学习，随时准备打击敌人。

五、克服一切困难，发扬长辈的优良传统。我要坚决做到头可断，血可流，在敌人面前绝不屈服、投降。我一定要向董存瑞、黄继光、安业民等英雄的战士学习。

六、我要努力学习政治、军事、文化，我要好好地锻炼身体，我一定要在部队争取立功当英雄，我一定要做一个毛泽东时代的好战士，我要把我可爱的青春献给祖国最壮丽的事业。

以上六条是我努力的方向和我的奋斗目标，今天我太高兴太激动，千言万语一下要写完是办不到的，因此写到这里告一段落。

我渴望已久的参加中国人民解放军的理想实现了，叫我怎么不高兴呢！我恨不得把我的心掏出来献给党才好。晚上我怎么也睡不着，我的心就像大海的浪涛一样，好久不能平静。

我，一个在旧社会受苦受罪的穷苦孤儿，居然成为一名国防军战士，得到党和首长的信任，受到战友们的热爱，我真不知道说什么好……

在这个革命的大家庭里，首长胜过父母，战友亲过兄弟，这一切，只有在党领导下的人民军队里才能得到。

我一定不辜负党对我的教育和期望，我决心保持和发扬我们弓长岭矿全体职工的光荣，军政学习优秀，全心全意保卫国防，成为一个优秀的国防战士。

25

是工友，也是战友

雷锋有许多战友，一个团的、一个连的、一个班的。那么在众多的战友中，他和谁最亲昵？应该说，雷锋与每一个战友的关系都很好。如果说关系近一些的，当属于泉洋。

入伍前，于泉洋和雷锋同在弓长岭。雷锋在焦化厂，于泉洋在运输

雷锋与战友于泉洋

车间。可以说，他们既是工友又是战友。在年龄上，雷锋比于泉洋大两岁。雷锋是 1940 年出生，于泉洋是 1942 年出生。因此，雷锋总是把于泉洋当作弟弟看待。

入伍后的第一个春节，新兵们不是很习惯，有的新兵想家了，年龄比较小的于泉洋就是其中一个。

雷锋看到他不是很兴奋的样子，就主动和他谈心，像对待弟弟一样。

1960 年 11 月，雷锋与战友们（前排左四为雷锋）

雷锋启发他说，参加中国人民解放军是一件很光荣的事情，革命队伍就是一个大家庭，连队的首长和同志就是自己的亲人，就像兄弟一样。而和家庭不同的地方，应该是每一个人都很坚强，都是一个勇敢的战士，要把对亲人的思念化作进步的动力。自己进步了，亲人就放心了，就高兴了，否则，两头惦念会得不偿失。

于泉洋听了很受启发，也变得活跃起来，积极参加连队的各项活动。

雷锋还非常关心于泉洋的学习，给他买了笔记本和钢笔，还送给他毛主席著作单行本和其他学习材料。雷锋进步很快，于泉洋在雷锋的关怀下也有很大的进步。两个人的感情越来越深。

有一次，雷锋到外地执行任务，他有些想念班里的同志，就用出差的机会回到连队。由于事先没有准备，因此雷锋没有铺盖，他和于泉洋两个人一合计，盖一床被子，可见两人是多么亲密和友好。

生活中，于泉洋也愿意跟着雷锋。

一个星期天，于泉洋准备上街去买日用品，但他不愿意一个人去，便找雷锋和他一起去。雷锋那时正在看书，还准备去帮厨，连队晚饭包包子。于泉洋非要雷锋和他一起上街，说上街回来同雷锋一起去帮厨。雷锋没有办法，只好陪他去。

他们来到抚顺市第七百货公司。不巧的是，那是个星期天，百货公司里的人特别多，他们不好意思和老百姓一起挤。雷锋便提议，帮助售货员一起卖货，于泉洋非常赞同。两个人站在柜台里，帮助售货员忙活起来。不知不觉一个半小时过去了，顾客也越来越少了。于是两个人买了自己需要的日用品。

他们走出百货公司时，看到旁边有一个照相馆，雷锋便提议去照相馆留影。他说，咱俩去留个影吧，以后各在一方，想起来的时候就看一看。

于泉洋听了，甭提有多高兴了。他赶忙跑过去，掏钱去开票，被雷锋一把抓住。他说："怎么能让你花钱呢？我就一个人，你的钱留着给父母寄去。"

雷锋掏钱开票，摄影师看到两个小战士这样谦让，感到很有意思，因此给他们拍照时格外地费心。他耐心地让两个小战士调整姿态，直到他满意了，才按动快门，最终留下了永久的纪念。

一个星期以后，于泉洋来到照相馆，取出照片，一共三张，他给雷锋两张，自己留下一张照片和底片，小心翼翼地保存起来。

雷锋牺牲以后，于泉洋怀着对雷锋的深厚感情，继承雷锋的遗志，发扬雷锋精神。他曾经担任雷锋班的第三任班长，后来又担任了雷锋所在团的副团长，是雷锋同班战友之中，职务最高的人。

60 多年过去了，于泉洋对雷锋的感情始终如一。他把和雷锋的合影放在自己的床头，每天都要看一看，回忆那些美好的往事。

26

流动图书箱

雷锋不仅自己努力读书，也热心帮助他人学习，为他人读书、学习创造条件。在班里的同志中，如庞春学、于泉洋、乔安山、田生绵等，几乎每人都获赠了毛主席著作，还有《为人民服务》《纪念白求恩》《愚公移山》，以及笔记本或者钢笔。

他不仅给班里的同志带来学习上的便利，还给全连创造学习的条件。他有一个小皮箱，里面装的全是书。有各式各样的毛主席著作的单行本、革命英雄故事书，还有数学和语文课本，以及其他进步图书和读物。

这些书，雷锋自己早就读过，其中有些已经读了几遍了，有些是专门给同志们买的。这些书，有的是从新华书店里买来的，有的是他以前积累下来的。他把这些书面向全连借阅，自己当图书保管员，为大家服务。全连的每一个同志随时都可借阅，非常方便。

他走到哪里就把这个图书箱带到哪里。因此，同志们把这个图书箱，叫“流动图书箱”。每个人都很喜欢它，也都需要它。连队出黑板报，专门对此事进行表扬。

流动图书箱，就在咱身旁，不用去书店，在家看文章。
种类很齐全，内容不重样，下到每个兵，上到连首长，
人人都学习，众人一起忙。大家都喜欢，雷锋好榜样。

雷锋从报刊上收集学习材料

野营拉练途中，雷锋利用休息间隙组织战友学习

雷锋的“流动图书箱”，不仅在连队里流动，还在更广泛的范围内流动。在雷锋当兵之前就已经开始流动了。

据雷锋当年的同事王佩玲回忆，1958年3月他们在团山湖农场一起工作的时候，雷锋就有一个小箱子，里面装的全都是书。她记得有《刘胡兰传》《黄继光》《赵一曼》《董存瑞》《浮沉》《卓娅和舒拉的故事》《钢铁是怎样炼成的》等。

1958年11月中旬，雷锋从家乡湖南省望城县奔赴东北鞍钢的时候，他又把装满革命书籍的小箱子带在身边。

来到鞍山以后，有的老乡有些水土不服，特别不适应东北的寒冷气候、高粱米饭及玉米面窝窝头。有的老乡思想动摇了，产生了离开东北的想法，称病留在宿舍，不上班。雷锋知道后，便来到这些老乡的宿舍，给他们送饭，和他们一起读书、学习。把《钢铁是怎样炼成的》里面的一些精彩的名言佳句和感人的情节读给他们听。

开始，有的老乡对他的这种做法有些反感。然而，雷锋一点也不灰心，一遍又一遍地反复读下去。最终，几位老乡被他的执着精神感动了，安心地在鞍钢工作。后来，雷锋从鞍山去弓长岭铁矿，又把这个小书箱带过去了。

1960 年 1 月 8 日，雷锋离开弓长岭铁矿入伍当兵，把自己装满书的小箱子带到了军营。

书籍是雷锋人生的“伴侣”，书籍是雷锋成长进步的源泉。

雷锋组织战友学习《毛泽东选集》

27

战士业余演出队

许多人只知道雷锋是个热爱学习、工作的人，却不知道雷锋还是一个文艺爱好者，喜欢唱歌跳舞。

1960 年 3 月，雷锋入伍不到三个月，就主动报名参加了团里的战

雷锋参加战士业余文艺汇演后与战友合影（后排右一为雷锋）

士业余演出队。

雷锋结束了新兵训练生活以后，被分配到运输连。平时在连队里，他开朗活泼，热爱生活，教唱歌、说快板书、办墙报，样样都是行家里手。这时，团政治处准备在运输连抽掉几名文艺骨干，参加团里的战士业余演出队。偏巧这个时候，连队要进行驾驶训练总复习。有的被点名的文艺骨干，怕影响考核成绩不愿意去，雷锋却积极报了名。

他加入团里的演出队后，遇到了不少的问题。分担的角色多、台词也多，既要编排又要演出，既要唱歌又要跳舞。特别

雷锋拉手风琴

是他的普通话说得不标准，学起来有一定困难。但他没打退堂鼓，利用早晚和午休的时间练习。在排练节目的时候，他一面背台词，一面练习歌舞，随时随地向北方战士学说普通话。在演出过程中，他忙得更是不可开交，主动承担装台、化妆、提词和舞台监督等任务。分内的工作做，分外的工作也做，真正成了演出队的多面手和文艺骨干。

在一次演出中，雷锋表演了朗诵诗，是他自己创作的。

1960 年 3 月，雷锋被选调到战士业余演出队，参加军区工程兵汇报演出（前排右二为雷锋）

28

冒雨送大嫂母子

在下石碑村，60多年过去了，如今的人们依然记得雷锋冒雨送纪玉春母子回家的感人一幕。甚至，有人还清晰地记得，雷锋送纪大嫂母子的具体地点，是从下石碑到樟子沟。

可是下石碑和樟子沟在什么地方，属于哪里管辖？如今的孩子似乎感到很陌生。

那时，雷锋所在的连队在抚顺施工，他自己由于执行运输任务，在下石碑暂住。

下石碑和樟子沟是乡间的两个村子，相隔五公里左右，靠着下石碑南侧有个村子叫金花楼。但这三个村子并不归属一个市（县）管辖，处在抚顺、铁岭和沈阳三市交界的地方。金花楼归抚顺市顺城区管辖，下石碑归铁岭县横道河子公社管辖，而樟子沟却归沈阳市新城子区望滨公社管辖，就坐落在如今棋盘山风景区的望滨乡。所以，雷锋冒雨送纪大嫂母子这件事，发生在沈阳的郊区。

雷锋送的大嫂，名叫纪玉春，几年前在甘肃省天水市去世。她的老伴徐世民和樟子沟的老人们，还都记得那件感人肺腑的事情，经常向后人述说。

上等兵时期的雷锋

纪玉春的老伴徐世民，家住在沈阳市新城子区樟子沟，原是沈阳高压开关厂的工人。1955年，他带着妻子纪玉春，到哈尔滨市电表仪器厂工作。

1960年5月2日，纪玉春带着两个儿子，一个6岁，一个2岁，到樟子沟看望公公。由于樟子沟比较偏远，不通车，她便绕道而行，在抚顺市顺城区金花楼村下了车，在路过下石碑村时，遇到了雷锋。

当时，她背上背着一个孩子，手里领着一个孩子，还拎着两个大包袱，艰难地走着，天慢慢地黑下来了，正下着雨，浇得她们母子三人湿透了。

雷锋看到赶忙上前，问大嫂到哪里去。

纪玉春仿佛遇到了救星，一边哭一边告诉雷锋："兄弟啊！我可遭老罪了，你说这大雨天的，我还带着两个孩子，拎着一堆东西，天又这么晚了，还有十多里路程才能到家，泥水路这么难走，我现在都迷糊了，就是哭也哭不到家呀！"

听了纪玉春的这番哭诉，雷锋立刻跑回驻地，向正在这里的后勤处长说明了情况，请了假，然后拿着雨衣跑出来。他把雨衣披在大嫂母子身上，自己一手搀扶着大嫂，另一手抱着一个孩子，深一脚浅一脚地蹚着泥水路。当看到怀中的孩子冻得有些哆嗦时，雷锋把自己的外衣脱下来，给孩子穿上。

有了这个解放军战士在身边，纪大嫂一下子有了依靠，仿佛天也不那么黑了，雨也不那么大了，路也不那么难走了，浑身增添了不少的力气。

一路上，他们边走边聊。纪大嫂非常感动，说一辈子也忘不了今天这件事，一辈子也忘不了解放军，忘不了共产党，这个社会好呀！遇到困难能有好人帮忙。

纪玉春母子三人安全地回到了家。

看到是一个解放军战士送回来的，家人、亲属、邻居都很感动，有的热情地和雷锋说感谢话，有的问他叫什么名字，有的给雷锋沏茶倒水，有的张罗给雷锋做饭。

雷锋一一做了解答，谢绝了众乡亲的热情款待，水也没喝，饭也没吃，只是又看了看两个孩子，便辞别了。

在场的人，都不忍心让他走，这么黑的天，又下着雨，非要留他住一宿。

雷锋无论如何也不同意，他说，部队是有纪律的，必须连夜归队，说完便匆匆走进夜色里。

雷锋走了，乡亲们觉得有些过意不去，尤其是纪大嫂。雷锋走了这么远的路，又要在黑夜里冒雨往回赶，她觉得很不好意思。所以，她和乡亲们一起喊雷锋的名字，让他回来。

每个人遇到这种情况都想帮忙，但并不是每个人都能做到。我们可以解读为，只有心里装着人民群众，时时刻刻关心他人，才会自然、自觉地做到。

雷锋殉职后，纪大嫂悲痛万分。她立志终生向雷锋学习，教育自己的四个子女也向雷锋学习。她还多次出去做报告，讲述自己被雷锋帮助的经过和学习雷锋的体会。

29

晕倒在抗洪一线

1960 年 8 月，抚顺地区暴雨不停，浑河猛涨。洪水淹没了庄稼，淹没了公路，淹没了洼地房屋，抚顺人民的生命财产安全面临严重威胁。市委、市政府发出了紧急动员起来，保卫煤都，保卫人民生命财产安全的命令，动员部署全市抗洪救灾。

当时，日夜奋战在建设抚顺钢厂的工兵十团暂时停工，投入抗洪抢险的战斗中，雷锋所在运输连的所有车辆集结待命。8 月 3 日下午，运输连接到了前往抚顺郊区上寺水库抗洪抢险的命令。

当时，雷锋正患肠炎，而且手受伤了，还缠着绷带。几天前的一个傍晚，雷锋发现营房附近的一个街道加工厂突然着火，就立刻和战友们跑到火场去灭火。他奋不顾身地攀上了屋脊，挥着扫帚奋力扑打火苗。等消防车赶到把火扑灭后，雷锋才发现自己的鞋和衣服都烧破了，手也烧伤了。

李超群连长分配任务时，原本是让雷锋留在营区值班。可是雷锋说啥也不愿接受连里的照顾，坚持随连队赶赴抗洪现场。

连日的大雨使上寺水库水位暴涨，水面距坝顶仅剩 30 多厘米，不时地漫过堤坝，水库大坝随时都有垮塌的危险。市防汛指挥部当即决定，连夜开掘疏通水库溢洪道。运输连接受了这一艰险的任务，夜以继日地奋战起来。

雷锋完全忘掉了自己的病痛，和战友们一起顶着暴风雨，在溢洪道里蹚着过膝深的泥水，挥舞铁锹猛劲地挖掘泥土。雷锋挖着挖着，手中的铁锹突然被塌下的泥块打掉。他弯下腰在泥水里摸锹，可根本就没法找到，于是他就用手挖泥，一捧捧往上甩，手指磨破出血了也不肯休息，连续在大坝上抗洪抢险三天三夜，最后昏倒在大坝上。

李超群连长发现后，为减轻雷锋的抢险强度，设法让他休息，便安排他去现场广播站报道连队的好人好事，做宣传工作。经过七天七夜的奋战，部队胜利完成了抗洪抢险任务，团党委研究决定给雷锋记个人三等功。

雷锋在抗洪抢险中还写下了一首诗：

松柏树，根连根，
石榴结籽心连心。
解放军和老百姓，
本来就是一家人。

30

人民公社就是我的家

今天的年轻人可能不知道人民公社是什么，那是 20 世纪五六十年代的基层行政单位，相当于现在的乡或镇。

1960 年夏天，抚顺市望花区和平人民公社成立那一天，雷锋突然出现在公社张书记的办公室。

雷锋手持 50 式冲锋枪在毛主席塑像前留影

张书记并不熟悉他，看到突然来了一个解放军，不知道是怎么回事。

雷锋立刻做了自我介绍，掏出 200 元钱，递给张书记，

雷锋在储蓄所存款，用于支援国家建设、帮助他人

说："我把 200 元钱捐献给人民公社，庆祝人民公社的成立。"

张书记和在场的其他人都愣住了。

张书记表态说："您的心意我们可以收下，可是钱不能收，现在是困难时期，您的家也缺钱呀！把钱寄回家吧！"

听了这句话，雷锋流下了眼泪，深情地诉说了自己的苦难经历，大家都很感动。

雷锋说：“我哪里有家呀！人民公社就是我的家。”

张书记沉思了一会儿说：“雷锋同志，您的心意我们都理解了，至于这200元钱，我们留下100元，您的情分我们记下了，和平人民公社所有的社员都会记住您的，您是我们社员学习的好榜样。”

看到张书记态度坚决，雷锋只好作罢。

剩下的100元钱，雷锋并没有存在储蓄所。后来，他在报纸上看到辽阳遭受了百年不遇的洪水灾害，他想到那是自己入伍的地方，那里有他熟悉的父老乡亲，又把这100元钱寄给了辽阳灾区。

辽阳市委非常感动，给部队致信：

部队首长转雷锋同志：

8月28日，雷锋同志给我们来了信并随信寄来100元钱，表示他对灾区的关怀和支援。雷锋同志能在我们遭受特大水灾之时，寄信和邮钱，从道义上和财力上支援我市灾区，这种崇高的阶级友爱精神，说明了一个问题：就是人民解放军作为人民的子弟兵和人民有着密不可分的血肉联系，说明了我们的人民解放军有着一贯的与人民同甘苦共患难的光荣传统。雷锋同志能够有着至高无上的共产主义品德，也是党和部队长期教导的结果。

辽阳市遭受百年不遇的特大洪水灾害，受到严重损失。但是，在党中央、毛主席和省委、鞍山市委的亲切关怀和正确指导下，在人民解放军和兄弟市、县的大力援助下，抢救了被围困的灾胞，减轻了洪水灾害的损失。同时中央和各兄弟市、县，又运来了大批救灾物资，安排了灾区人民的生活。目前，灾区人民在党的温暖和无微不至的关怀下，信心百倍，干劲十足，热烈响应党的号召，积极投入生产自救、重建家园运动。我们对雷锋同志寄来的款项不准备收留，并代表灾区人民向雷锋同志再一次地表示感谢。

希望他能把钱继续存到银行里，支援国家建设。我们一定教育灾区人民，学习雷锋同志的阶级友爱和共产主义品格，鼓足更大的干劲，更加奋发图强，为彻底医治洪水创伤，重建辽阳的幸福的新农村而努力。

此致

敬礼！

中共辽阳市委员会

1960 年 9 月 6 日

31

突如其来的感谢信

雷锋两次捐款的事，在部队引起了强烈反响。

一个入伍刚刚一年的普通士兵，每月只有6元津贴费，能够做出这样不平凡的事迹，实在是难能可贵。这不仅在全团干部战士中传为佳话，也很快反映到上级领导机关。

1960年9月，沈阳军区工程兵政治部宣传处搞摄影的助理员张峻，来到雷锋所在的工兵十团运输连，了解雷锋的先进事迹，拍摄雷锋的有关镜头。

张峻一来到运输连，就遇到了一件突如其来的事情。一队地方的工人敲锣打鼓地来到运输连，送了一封感谢信。

大家看了，都有些莫名其妙，因为感谢信里没有写要感谢的人的名字，但内容说得很清楚。

原来当天上午，在运输连驻地附近小学的建筑工地上，工人们正在紧张地施工。当时施工的班组正展开竞赛，推砖的赶不上砌砖的了，工地上的广播员在大喇叭里大声喊："推砖的快加油！快加油干呐！快！快！快！"此时，一个个子不高的小战士路过这里，被热火朝天的施工场面所感染，他停下了脚步，也跟着广播员一起喊："加油！加油！"一个个推砖小车飞快地跑着，但是还是赶不上砌砖的。此时，小战士看见不远处的烧水房的席棚子旁边有一辆小推车，他急忙跑过去，推起小车就干了起来。推砖的工人看到自己的队伍里增加了一个解放军战士，干得更起劲了，纷纷和这个解放军比着干，追着干。很快，推砖的就超过了砌砖的。

这时广播员又喊起来："同志们！加油干呀！大家都来看呀！解放军来到我们工地上，和我们一起干呀，我们向解放军学习！向解放军致敬！多快好省、大干快上，一天任务半天完。"

这么一喊，小战士推车跑得更快了，施工队伍你追我赶，场面热烈紧张。刹那间，建筑工地上掀起了竞赛的高潮，一天的施工任务一个上

1961 年 5 月，雷锋与战友们

午就完成了。

到了中午，工人们开始休息。这时候，大家想起要谢谢这个小战士，到处寻找，可是怎么也寻找不到。有人说，这个小战士已经离开工地了，他就是附近营区里的连队的。有什么办法感谢他呢？最后大家的一致意见是给连队送一封感谢信，就这样他们便敲锣打鼓地来了。

连队的同志们，一时难以判断这个战士是否是自己连队的，如果是自己连队的，又会是哪一个人。大家立刻向连队领导汇报。

指导员高士祥听了后，斩钉截铁地说："不会是别人，肯定是雷锋。"

有人问："为什么？"

高指导员回答说："有三个依据：一是雷锋个子小，符合工人反映的外貌；二是雷锋上午请假去卫生队了；三是雷锋经常做好事。"

张峻亲眼看到了这一幕，一切都明白了。雷锋是一个优秀的战士，他的事迹是不折不扣的，是实实在在的。

这时，有人喊来雷锋核实情况。

雷锋持枪走来。还用核实吗？工人们一眼认出了他。张峻立刻给雷锋拍了一张照片。

从此，张峻开始了拍摄雷锋的生涯。他曾九次奔赴雷锋所在连，共和雷锋一起生活 73 天，在连队、训练场、车场、学校等地，共给雷锋拍摄 223 张照片。

32

收集遗漏的水泥

雷锋生前是工程兵。人们通常在表述工程兵执行的任务时，用一句比较形象的话，叫作“逢山开路，遇水架桥”。

工程兵是个大兵种，其中有舟桥部队、建筑部队和工兵部队。雷锋生前所在的团是工兵团，主要任务是修桥、筑路、施工。

雷锋是汽车驾驶员，执行的任务主要是给工地运送材料。在诸多的施工材料里，水泥是必不可少的。

雷锋是一个爱护国家和集体财产的人，又有勤俭节约的好作风。因此，他常常打扫散落在车厢里的水泥，他找来三种东西：扫把、撮子和铁桶。

每当运输水泥回来的时候，他都细心地打扫散落在车厢里的水泥，然后放在事先准备好的铁桶里。他不仅打扫自己车厢里的水泥，还打扫其他车厢里散落的水泥。日积月累，积少成多。在两个多月的时间里，积累了 1000 多千克水泥。

这虽然不是什么了不起的大事，但雷锋对这种事的认识是很高的。他在日记里写道：

现在，我们国家处于困难时期。我们是国家的主人。应该处处为国家着想，事事要精打细算，不能今朝有酒今朝醉，明日愁来明日忧。我们要奋发图强，自力更生，克服当前存在的暂时困难，坚决反对大吃大喝，力戒浪费。

雷锋有这种关心国家财产和勤俭节约的品德，但具体的做法是学来的，或者说是受到别人启发的。他曾经写过一篇文章，刊登在1960年9月24日抚顺钢厂的《红星报》上，标题是《积少成多 滴水成河》。文章如下：

傅长奇同志是驻厂部队十五小队五排的汽车司机，担负着基建工程的材料运输任务。他每天驾驶自己心爱的汽车不知飞奔多少原野，走过多少城市村庄，载运了多少基本建设工程所需用的材料。特别是党提出以粮、钢为中心的增产节约运动的号召以后，他的车跑得更快了。不管是白天或者是黑夜，只要工作需要，他的车就跑个不停，所载运的东西大部分是工程所需要的水泥。

九月份，排里开展了一个“每人做一件好事迎接国庆”的活动。全小队的同志立即沸腾起来了。傅长奇更不例外，他的脑子反复想着：“我每天和汽车打交道，能做件什么好事呢？”他看见别人都动手干起来，急得觉也睡不好，总怕落在别人后面。

一天，他把装着水泥的车停在连队驻地以后，就在连队驻地附近找做好事的线索去了。一直到别人把车上的水泥卸完了他才回来。他在汽车周围踱来踱去，像找什么似的，忽然发现车厢里还有遗漏的水泥。他想：把这些遗漏的水泥收集起来，这不就做了一件好事吗？从此，他就

和本班的那红才同志担负起打扫车厢上的水泥的任务。他们提着水桶每天、每车的像挖车缝一样地打扫着水泥，唯恐给国家浪费一点水泥。傅长奇收集的水泥越来越多，他的干劲也越来越大。有一天，他开车到沈阳，回来时已经是深夜十二点钟，大风呼呼地吹着，阴沉沉的天气，伸手不见五指。但是傅长奇同志停车后，忘记了冷，也顾不得吃饭，便急忙借了手电筒去打扫水泥……

又一天，傅长奇同志到营部开会，在途中看见一点儿水泥撒在路上，便掏出手绢把这一点水泥包起来。这消息传开后，五排全体同志都纷纷学习傅长奇那种爱护国家财产的高尚品质，每人都有个小水桶专门收集一点一滴的水泥。

一天两天，一点一滴，真是积少成多，滴水成河。傅长奇同志就这样一点一滴地捡回来水泥 400 余斤，给大家树立了一面增产节约的红旗。

雷锋收集遗漏的水泥

33

辅导“小不点”

这是一张雷锋给小朋友们讲革命英雄故事的照片。他的周围有七个小朋友，其中紧靠雷锋帽檐，大眼睛、白皮肤，看起来有点腼腆的小女孩，大家都叫她“小不点”，她的名字叫孙桂琴。

雷锋在给孙桂琴等建设街小学的小朋友讲故事

1960 年，孙桂琴是抚顺市建设街小学二年级的一名学生。

一天，她和同学们穿着整齐的衣服，在校门两旁迎接解放军辅导员。一共来了十名解放军，领队的是一位个子不高、声音洪亮的叔叔，他就是雷锋。

雷锋代表十位辅导员讲话，其中诉说了自己的苦难经历。他说：“……没有党和毛主席就没有我的一切，我时刻想掏出自己的心献给伟大的党。小朋友们，今天的幸福生活来之不易啊，我们一定要珍惜呀！”

孩子们都亲切地称他为雷锋叔叔。

有一次，孙桂琴上学晚了，一路小跑，红领巾松了，就拿在了手里。雷锋正好来学校，把她叫住，为她系上红领巾，并告诉她要爱护红领巾。

孙桂琴和大部分同学都是矿工子女，家庭都不富裕，雷锋教育她们要勤俭节约、艰苦朴素。有一次，她们上大字课，孙桂琴的本子已经用完了，正不知如何是好时，雷锋来了。他把孙桂琴领到少先队大队部，找到一张写过钢笔字的纸，在反面用红蓝铅笔打上方格，让她练字，并告诉她要从一点一滴做起，学会节省。

雷锋还给她们班做了一个节约箱、一个储蓄箱、一个针线包。

课余时间和节假日，孙桂琴和同学们经常到营区找雷锋。雷锋每次都很忙，不是保养汽车就是与战友谈心，或者帮助炊事班干活。即使这样，小朋友来了，他还是抽出时间来给孩子们讲英雄的故事，和同学们一起做好事。

有一次，孙桂琴和同学们做好事，有人赞扬，也有人说风凉话，他们觉得很委屈，就去找雷锋诉说。

等他们到了营区，一眼就看见一位解放军在大树下看书。走近一看，是雷锋。他看得非常用心，根本就没发现孩子们的到来。

孙桂琴心想，雷锋叔叔读的是什么故事书呢？这样着迷。她和同学们悄悄地走到雷锋的背后，看他一边读，一边画，还自言自语地念道："一个高尚的人，一个纯粹的人，一个有道德的人……"

孙桂琴弄不懂了，人不就是人吗？怎么还分那么多种呢？她大声问道："什么叫高尚的人啊？"

这时，雷锋才发现同学们来了。"张思德、白求恩就是高尚的人。"随后他便给同学们讲了张思德、白求恩的故事，并告诉他们，做好事不要在乎别人说什么，只要你做得对人民有好处，就要坚持下去。

雷锋与建设街小学的孩子们

有一件事情，孙桂琴一生都难以忘却。

有一次，雷锋叔叔来到建设街小学的少年之家，帮助少先队员筹备阅览室，并且带来了各式各样的小人书和故事书。少先队员们欢欣鼓舞，一个个像过节一样。

正好，这天部队的摄影记者跟踪采访。有六个小朋友围绕在雷锋的周围，听雷锋讲故事。

就在记者准备按快门的时候，雷锋摇一摇手。大家都愣了。

只见雷锋向远处的一个地方摆摆手。原来，在那个比较隐蔽的地方，有一个小女孩，露出来一双大眼睛，正怯生生地望着他们。雷锋马上跑过去，把那个小女孩拉过来，让她和大家一起照相。这个小女孩就是孙桂琴。她胆子小，看见别人照相不好意思，只好悄悄地躲起来。

摄影师发现她比其他同学矮了半头，看起来不那么协调，就摇了摇头说：“这个小姑娘个头太小了，画面不整齐，恐怕不合适。”

雷锋马上说：“这个没问题，我有办法。”他去找来两块小砖头，垫在小桂琴的脚底下。

看到她的身体有点儿不稳，摄影师说：“向解放军叔叔身边靠一靠。”

孙桂琴紧紧地靠在雷锋身边，她的头就在雷锋叔叔的帽檐下。一张白皙的小圆脸，两条随意的小发辫，一双纯真的大眼睛望着雷锋叔叔手里的书。

就在这时，摄影师说：“好，不错不错。”快门一动，留下了这个美好的画面。

1962 年 8 月 15 日，是同学们开学典礼的日子。学校派孙桂琴等三名同学，去请雷锋辅导员参加开学典礼。走在路上，听群众说运输连出

雷锋在学校给小朋友们讲故事

事了，雷锋牺牲了，她们谁都不敢相信。当她们跑到连队才确信，再也看不见雷锋叔叔了，孩子们失声痛哭。消息传到学校，全校 1000 多名师生都无心上课。老师拿起书本眼泪先流了下来，孩子们都低着头在哭泣。

8 月 17 日，孙桂琴作为学生代表，参加了雷锋的追悼大会。她走在送葬的队伍里，看见路两旁摆满了花圈，路边站着的有白发苍苍的老爷爷、老奶奶，也有还没上学的孩子。

如今，孙桂琴已年逾花甲，她作为雷锋辅导过的学生，也当起了校外辅导员。她说："让我的白发和红领巾一起飘扬！"

34

优秀校外辅导员

雷锋于1960年10月10日担任校外辅导员，直至1962年8月15日牺牲。在近两年的时间，他和所辅导的孩子们建立了深厚的友谊，也为这些孩子们和未来得及辅导的孩子们，留下了宝贵的精神财富。

雷锋在聘请校外辅导员大会上的发言（1960年10月10日）：

各位校领导、老师们、少年朋友们：

四年前，我刚刚摘下红领巾，今天，我又系上红领巾，做你们的校外辅导员，做你们的大朋友，我从心里感到高兴！今后我们要多联系，常来往，共同学习，互相帮助……永远保持红领巾的鲜红颜色，沿着党指引的道路前进，做无产阶级革命事业的接班人。

……

他还经常给孩子们写信。在1961年1月，他这样写道：

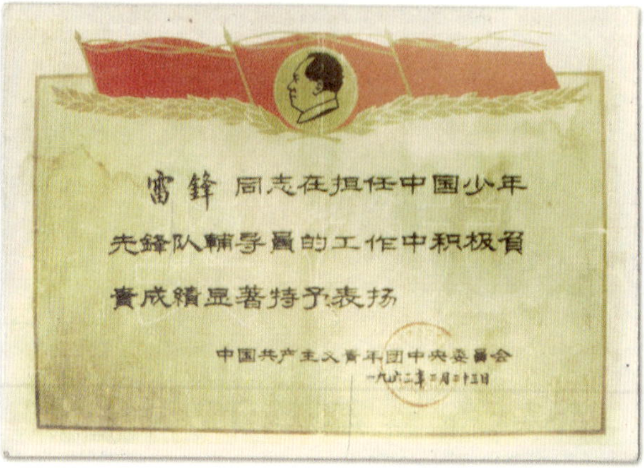

1962 年 2 月，雷锋在中国少年先锋队辅导员工作中受到表扬

亲爱的少先队员同学和全体少年朋友们：

我于本月初，离开了抚顺来到军区。因为时间紧迫没能来得及向小朋友告别，请小朋友多加原谅，我很想你们，但我的工作很忙，又不能马上回去看你们，因我要先后到大连、营口、辽阳、哈尔滨等地去报告。等我回来时候要拿我的工作成绩见你们，你们也要拿优秀的成绩向党汇报，咱们要比一比，看谁的成绩大。小朋友们，你们要好好学习天天向上，听党的话，做毛主席的好孩子。最后祝全体少先队员同学们，全体小朋友们学习进步！生活愉快！身体健康！

大朋友——雷锋

1962 年 5 月，雷锋被共青团抚顺市委授予“优秀校外辅导员”称号。他留下了这样的感想：

5 月 28 日，我接到共青团抚顺市委的通知，叫我参加本市召开的表扬奖励少先队辅导员大会。通知上说，把我也评上了抚顺市的优秀大

雷锋给学校作报告

队辅导员。看完通知，我的心好久没有平静。回想近两年以来，我被聘请为本市建设街小学和本溪路小学的校外大队辅导员后，在党的培养教育和支持下，尽自己的力量，利用业余时间和节假日的休息时间，帮助少先队开展了一些有益的活动。给少年朋友们讲毛主席小时候的故事、战斗英雄故事，讲新旧社会对比等，启发他们的上进心和阶级觉悟。比如，本溪路小学有个叫刘静的同学，她在福中生，也在福中长，可是不知旧社会的苦，所以也不懂今天的甜。因此，在当前国家处在困难时期，她的思想有些波动，学习不够安心，工作不够主动，成绩也不好。自从我和她谈了新旧社会回忆对比，加上老师的耐心教育和同学们的帮助，她有了转变，变成了一个好同学，加入了光荣的少先队，还担任了中队的文娱委员，学习成绩也取得了5分。

建设街小学有些小朋友爱花零钱。我给他们讲了解放军艰苦朴素、勤俭节约的故事后，对他们有很大启发。为了进一步使他们了解点滴节约、积少成多的意义，我把他们带到部队，搬出了自己的节约箱给他们看。有个同学看到我捡的大半箱牙膏皮，便惊讶地说："啊呀！怎么捡这么多呀？"

……

两年来，在党的领导下，在同志们和老师们的帮助下，协助少先队做了一点点本身应做的工作，党和共青团却给了我很大的荣誉。这荣誉应归功于党，没有党我一事也做不成。我衷心感谢党和共青团对我的鼓励和关怀。我决心听党的话，努力学习毛主席著作，用毛泽东思想武装自己的头脑……

我决心更好地和小朋友们打成一片，帮助他们开展一些有益的活动。教育他们不忘过去，发奋读书，好好学习，天天向上。我要为培养共产主义的优秀接班人贡献自己的一点力量。

35

把饭送给战友

1960 年 10 月，东北已进入秋末冬初，正是准备冬储菜的季节。连队要挖个大菜窖，把全连一个冬天要吃的萝卜、白菜全都储存起来。因此，连队决定派副排长薛三元带领两个班的战士，去山上打柴草回来盖菜窖。这两个班主要是四班和五班，总共十来人，也包括雷锋在内。

那个年代粮食是定量的，也就是说，每个人的每一顿饭是有数量限制的。

早晨吃过饭以后，大家各自带上镰刀、绳子准备上山。因为路途比较远，为了节省时间，不来回跑冤枉路，他们中午便在山上吃饭。出发前，每个人都要带上自己的饭。

战士们都是年轻人，正是能干活也能吃饭的年龄。有个叫王延堂的战士，平时饭量比别人大，早晨饭没有吃饱，出发的时候，肚子就开始叽里咕噜地响。于是，他就把中午的饭也吃掉了。

到了山上，大家干得很起劲，谁也不甘落后。雷锋当然是一马当先，而王延堂由于吃饱了饭，因此也名列前茅。整个上午，大家工作效率很高。

中午时分，薛三元看着满山割倒的一大片柴草，又看着每个人脸上的汗水，心里说不出的高兴。他从兜里掏出哨子，使劲吹了几下，大喊道："同志们！辛苦了！休息了！中午开饭了！"

大家很快聚集在他的身旁，在一片树林里坐下休息。一个个拿出饭，大口大口地吃起来。

雷锋坐下，刚准备吃饭，就发现王延堂一个人坐在远一点的地方，没有吃饭，显得有些无奈。这时，雷锋想到，他没有吃中午饭，过一会儿肯定会饿的，下午干活就没有劲儿。这样怎么行呢？于是，他立刻跑过去，把自己的饭送给王延堂。开始王延堂不要，最后，雷锋谎称肚子不舒服，王延堂才肯接受。

下午，他们继续砍柴割草。王延堂干得很来劲，雷锋干得也很起劲。

有的同志说，雷锋这个人，旧社会吃过苦，不吃饭也能挺得住。也

雷锋把自己的饭送给战友

有的同志说，雷锋人善良、觉悟高，关心他人比关心自己还多。

晚上回来，每个人收获都很大，身上背的柴草像小山一样。大家精神很振奋，高兴地唱起歌来。

这一天是1960年10月21日，雷锋在日记里这样写道：

今天吃过早饭，连首长给了我们一个任务，上山割草拉回来盖菜窖……到了十二点，排副吹起了集合的哨了，大家拿着自己从连里带来的一盒饭，到达了集合地点，排副说：你们吃中饭吧。

我发现王延堂同志坐在一旁看着大家吃，我走到他跟前，问他为啥不吃饭，他回答说：我今天早上吃了两盒饭，没有带饭来。于是我拿出了自己带的一盒饭给他吃，我虽然饿一点，但让他吃得饱饱的，这是我最大的快乐。我要牢牢记住这段名言：

对待同志要像春天般的温暖，

对待工作要像夏天一样的火热，

对待个人主义要像秋风扫落叶一样，

对待敌人要像严冬一样残酷无情。

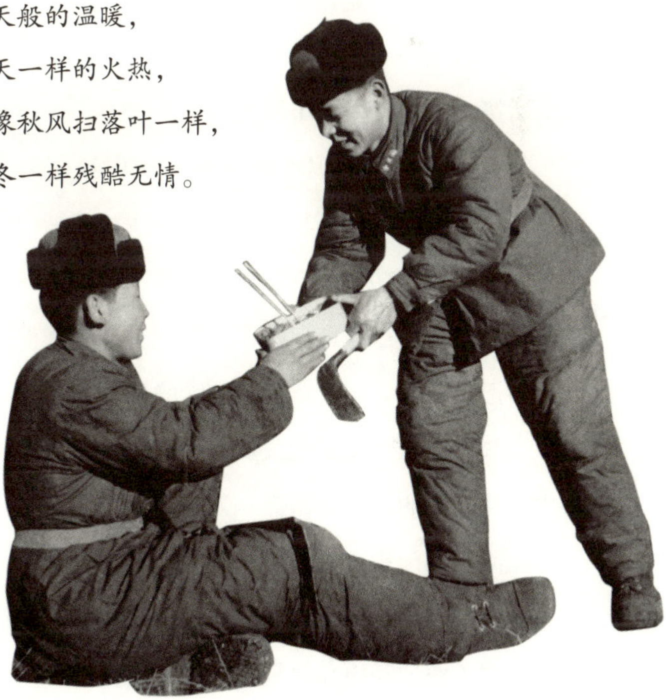

雷锋把饭送给战友

36
破格入党

在20世纪六七十年代，当兵的人都知道这样一句顺口溜："一年团、二年党、三年复员进工厂。"意思是当兵以后，第一年加入共青团，第二年才能加入共产党，第三年复员回家当工人。但对雷锋而言，这个顺口溜是不适用的。因为雷锋入伍前已经是工人，而且也加入了共青团。入伍后第一年便加入了中国共产党。

雷锋于1960年1月8日入伍，1960年11月8日加入中国共产党。

雷锋入伍时间并不长，但进步很快，成绩很突出。入伍几个月时，便荣立个人三等功一次，多次受到嘉奖，还被评为"节约标兵"。根据他的表现，又经过政审考核，连队党支部便把他列为发展对象，并由党支部书记、指导员高士祥担任雷锋的培养人。

不久，连队党支部把发展雷锋的计划上报给团政治处。这次申请加入中国共产党的，只有雷锋一人是当年新兵。

团组织部门提出严格考核标准，延长当年新兵的考核时间。对此，团政委韩万金指出："对一般人严格要求是对的，但雷锋表现突出，又有在地方工作的经历和政绩，家庭出身贫苦，可以不受入伍时间的限制。"

之后，团政治处派人到湖南省望城县和鞍钢进行调查。不久，团政治处给运输连党支部做了批复。雷锋被列入1960年第四季度的党员发展计划。

1960年11月初，沈阳军区工程兵政治部在沈阳召开基层思想政治工作交流会。组织部门的同志问指导员高士祥，雷锋的入党问题解决了没有，高士祥回答说："支部会讨论同意了，但还没有召开党员大会通过。"

组织部门的同志告诉高士祥，军区政治部决定要在《前进报》发表长篇文章《毛主席的好战士》。又因为沈阳军区准备召开首届共青团代表大会，指名雷锋为特邀代表，并准备授予雷锋"模范共青团员"称号。在审查代表资格时，沈阳军区工程兵党委常委一致认为，像雷锋这样的

运输连指导员高士祥与雷锋谈话

高士祥与雷锋谈话

好同志应该以党员的身份出席。

雷锋所在的团党委，根据军区工程兵党委的意见，当场决定通知高士祥从沈阳返回连队，并于当天召开支部党员大会，第二天早晨赶回沈阳。团党委委员都在沈阳，后勤处的党委书记、运输连党支部书记也在，团党委也可以直接批复。

11 月 8 日下午，高士祥赶回抚顺。晚饭前，召开了党支部委员会，支部委员一致同意雷锋加入中国共产党。由指导员高士祥和连长李超群作为雷锋的入党介绍人。晚饭后，紧接着召开了党支部党员大会，共 24 名党员，到会 18 名，一致同意雷锋入党。

11 月 9 日上午，高士祥赶到沈阳会场。中午，召开了营党委会，接着又召开了团党委会，批准雷锋加入中国共产党。

雷锋在自己的日记里写道：

1960年11月8日，是我永远不能忘记的日子。今天，我光荣地加入了伟大的中国共产党，实现了自己最崇高的理想。

我激动的心啊！一时一刻都没有平静。伟大的党啊！英明的毛主席！有了您，才有了我的新生命，我在九死一生的火坑中挣扎和盼望光明的时刻，您把我拯救出来，给我吃的、穿的，还送我上学念书。我读完了高小，戴上了红领巾，加入了光荣的共青团，参加了祖国的工业建设，又走上保卫祖国的战斗岗位。在您的不断培养和教育下，使我从一个孤苦伶仃的穷孩子，成长为有一定知识和觉悟的共产党员……

伟大的党啊！您是我慈祥的母亲！我所有的一切都是属于您的，我要永远听您的话，在您的身下尽忠效力，永做您忠实的儿子……

高士祥指导雷锋写入党申请书

37

忆苦思甜讲经历

在旧社会，雷锋是一个苦孩子，是一个受尽了折磨和苦难的孩子。在中华人民共和国的阳光雨露下，他幸福地成长。难能可贵的是，雷锋经常忆苦思甜。他不仅自己不忘过去苦，也常常现身说法，把自己的苦难经历讲述给他人。

著名曲艺家朱光斗的快板书《雷锋》里，有这样一段："看完手心看手背，看完手背掉眼泪……"这里所说的手背，是指雷锋手背上的三条伤疤。那是雷锋九岁的时候，上山捡柴被地主婆夺去砍柴刀，在他手上砍了三刀留下的伤疤。

雷锋在全连忆苦思甜的大会上讲述了自己的经历：

黑暗的旧社会是一个吃人的社会，穷人只能给富人当牛当马，过着非人的苦日子。我家祖辈三代都给地主做长工，维持一家半饱的生活，我爸爸给唐地主做长工时，连一家半饱的生活也维持不住。到了荒年腊月，好久还看不到一粒米下锅。我哥哥常常带着我出去要饭，看到富人就央求给点吃的，要是碰上有钱人家做喜事，就讨点剩饭剩菜吃，看到桌上的饭菜也用手扫了起来，装在一个要饭的破布兜里，留着下顿吃。要是离家近一点，就送回家去，给小弟弟吃。

我妈妈养活不了我那幼小的弟弟，想把他卖给有钱的人家，我爸爸心如刀割，坚决不让。他泪汪汪地说："我们全家死也要死在一起，决不能把他卖了。"我爸爸被逼得没法，只好把睡的床铺抬出去卖了，在地上砌几块土砖，取下房门板，搭着睡觉。

我家住着一间破草房子，屋顶露着天，后墙倒塌。要是天下雨，外面下大的，屋里就下小的。我妈妈怕雨淋湿了我的脑袋，拿着一个破脸盆罩在我的头上，又怕冻着我，拿破烂麻袋系在我的背上。冬天冻得没法，只好拿几捆稻草，堵住风雪，冷得实在不行了，全家人紧紧地挤在

雷锋给战友看手指的刀疤

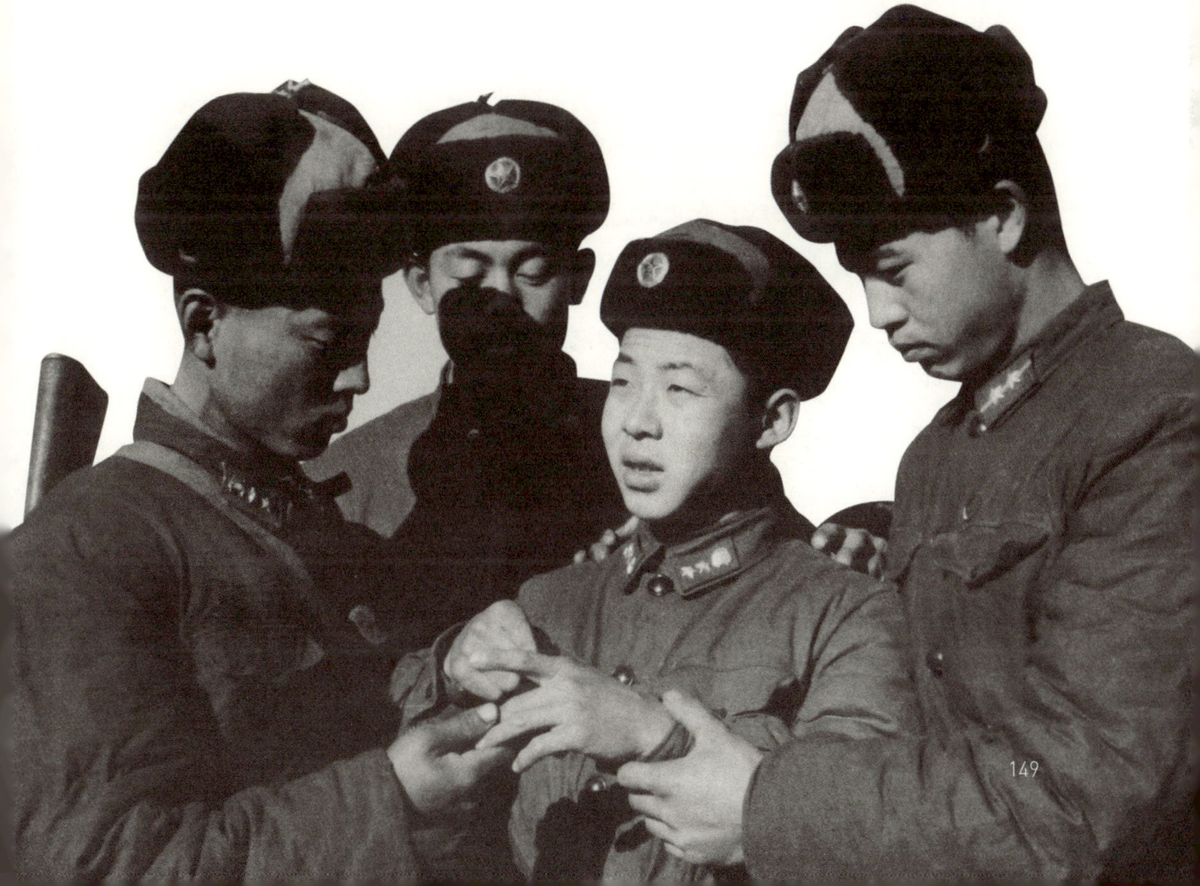

一起，又拿上几捆稻草盖上。终年辛勤劳动，全家五口有米不够半年吃。

抗日战争时期，日本鬼子侵略我国，残酷地屠杀人民，地主、资本家血腥地统治、压迫和剥削人民，劳苦人民无法生活。我爸爸参加过共产党所领导的抗日斗争，1945 年被日本鬼子抓住，惨遭毒打，吐血咳血而死。全家无法生活，我 12 岁的哥哥到离家几百里的津市一个机械厂当徒工，经过资本家一年左右的折磨，得了童子痨（肺病）。一天，昏倒在机器旁，轧伤了胳膊，轧断了手指，资本家看他再无油水可榨了，便把他赶出了工厂。回家之后因无钱医治，死于 1946 年春。

我和妈、弟三人，只好上街讨饭，我那幼小的弟弟受不住那种生活的折磨，活活饿死在母亲怀里。可恨的唐地主，逼迫我妈到他家做女工，我也跟着去了。我妈给他家喂奶带小孩子，给小孩洗屎洗尿，给少奶奶倒马桶。我给他家扫地，擦桌凳。后来妈妈被唐地主强奸，我妈被逼得上天无路，入地无门，在 1947 年 8 月中旬（农历）的一天晚上自杀。那天晚上，她泪汪汪地对我说："苦命的孩子，妈妈不能和你在一起了，靠天保佑，你要自长成人。"她脱下自己的一件衣服披在我的身上，叫我到六叔祖母家去睡，我走后，她就上吊了，和我永别了！

我母亲死时我还只有七岁，旧社会使我无法活下去。在那吃人的社会里，三大敌人压得我简直无法活命，那些仇恨我一定不能忘记……

1949 年，我的家乡解放了，彭德茂乡长找到了我。我那时真不像样子，头发长得很长，身上披了一个旧麻袋。他给我洗了澡，给我换衣服，过年还把我接到他家里做好了菜给我吃。我好像做梦一样，心里非常感激彭乡长，就跪在他面前。他说，孩子，不要感谢我，是伟大的党和毛主席救了你，要感谢党和毛主席。

……

38

春节的“礼物”

春节，是中华民族的传统节日，是一年四季最隆重、最欢快、最有气氛的日子。每个人都在这个节日里，寻找自己的幸福和愉快。然而，不同的人对快乐、幸福的理解是不一样的。

那么，雷锋是怎样过春节的呢？或者说，他是怎样在这个节日里寻找幸福和快乐的呢？

我们这里所说的雷锋过春节，不是一个春节，在他的日记里，有两个关于春节的记载——一个是 1961 年的春节，一个是 1962 年的春节。他用一种独特的方式，度过了属于自己的也属于他人的春节。

1961 年的春节是公历 2 月 15 日，他在日记里是这样记载的：

今天是农历大年初一，全连同志都高高兴兴地到和平俱乐部看剧去了，我呢？我为了在春节期间给人民做一件好事，吃过早饭后，我背着粪筐，拿着铁锹到外地拣粪，大约拣了 300 来斤粪，我送给了抚顺望花区工农人民公社，并给公社党委和社员写了一封这样的祝贺信：

敬爱的工农人民公社党委和全体社员们：

您们好！在新春佳节里，我怀着万分高兴的心情给您们写这封信，首先向您们致以亲切的慰问！工作紧张吗？生产忙吗？生活愉快吗？一切都好吗？祝您们在春节里身体健康，节日愉快。

我是人民的子弟兵，我一定要紧握枪杆，保卫我们的社会主义建设，保卫世界和平。我要永远忠于党，永远做好人民的勤务员，我愿为党和人民的事业，献出自己的一切，直至生命。

为了贯彻和执行党中央八届九中全会的公报和决议："以粮为纲，国民经济以农业为基础的方针。"我是一名共产党员，应该积极行动，为此我利用春节放假期间，拣了几百斤大粪作为春节献给你们的礼物，表自己的心意。

敬爱的公社党委和全体社员们：

让我们在党和毛主席的英明领导下，奋发图强，艰苦奋斗，鼓足冲天的革命干劲，克服目前暂时的困难，为争取今年农业大丰收而奋斗吧！

战士雷锋

1961 年 2 月 15 日

1961 年大年初一，雷锋拣粪 300 多斤

雷锋拣粪送到望花区的生产队

1962 年的春节是公历 2 月 5 日。雷锋在自己的日记里，如实地记载了这一天：

今天是大年初一，大家都愉快地欢度新春佳节。有的打球，有的下棋，有的同志上街看电影，玩得够痛快……

我和同志们打了两盘乒乓球，心里觉得有件什么事没做似的。我想了想，每逢过年过节是人们探家和走亲戚的好日子，这个时候也正是各种服务部门和运输部门最忙的时候，这些地方是多么需要人帮忙啊。

我向副连长请了假，直奔抚顺车站。我刚到，正好一列火车进站。我看到一位老太太很吃力地背着一个大包袱上火车。我急忙跑上前，接过那老太太的包袱，扶着那老太太安全上了车，给她老人家找了个座位，我才放了心。我要下车的时候，那老太太紧紧握着我的手说：“你真是毛主席和共产党教育出来的好兵……”

我拿着扫把扫候车室的时候，车站的主任对我说：“你辛苦啦，休息休息吧。”我没有休息，我觉得这是自己应尽的义务。我给旅客们倒开水的时候，他们说：“解放军真好，处处关心人。”我这样做，能使人民群众更加热爱党，热爱毛主席，热爱解放军，这就是我感到最幸福的。

雷锋用拣粪的方式度过春节

39

出差一千里，好事做了一火车

雷锋牺牲以后，一份总结雷锋事迹的上报材料讲述了雷锋做的非常多的好事。他走到哪里就把好事做到哪里，即使在火车上也不停歇。因此，流传着这样一句话："雷锋出差一千里，好事做了一火车。"

雷锋在火车上做的好事集中在几条线路上，如沈丹线、沈大线、沈哈线、沈抚线、沈长线、沈京线等。

雷锋出差途中的照片

雷锋给丢失车票的大嫂买票的事，就发生在沈阳火车站。

1961 年 5 月的一天，大约在上午 9 点左右，雷锋从抚顺来到沈阳，准备在这里换乘去丹东的火车。在沈阳火车站候车室里，他看到有几个人围着一位农村老大嫂，好像发生了什么事情，大嫂一脸为难的样子。他便走上前问道："大嫂，怎么了，遇到了什么困难了吗？"

大嫂一看是位解放军，好像见到了亲人，就把一肚子怨气倒出来："解放军兄弟，你说我怎么这样倒霉呀！我是从山东老家来的，到吉林去探亲，在这里换车时，到站外吃饭把车票弄丢了，我没钱补票，去吉林去不了，回山东老家回不去，住店又住不起，你说这不是急死人了吗？"

雷锋看到大嫂一脸愁容又着急上火的样子，想到她的处境，便安慰她说："大嫂别着急，我帮你想办法，跟我来吧！"

雷锋把大嫂领到售票口，从自己兜里掏出钱来，为大嫂补了一张由沈阳去往吉林的车票，送到大嫂的手里。

大嫂感动得不知道说什么好，再三感谢，还问雷锋家住哪里。

雷锋看她坐的车快要到站了，催她不要问了赶快上车。在上车的时候，大嫂一定要问个究竟："你是哪个部队的？叫什么名字？"

雷锋说："大嫂上车吧！上车后，我一定告诉你。"

上车后大嫂站在车厢里，等待着雷锋的回答。

雷锋向她频频招手，高声向她喊道："我的名字叫解放军，就住在中国。"

火车开动了，大嫂坐在车厢里，心情久久不能平静。她向旅客们讲述她是如何丢了车票，解放军是如何帮她补票的事。

在场的人无不齐声赞扬"人民解放军就是好！""这个当兵的很了不起！"

沈阳是交通要道和枢纽，雷锋执行任务经常在这里换乘，有时奔这里来，有时从这里走，火车上的那些好事，就是这样做出来的。

其实，在同一天早晨，从抚顺出发的时候，他也做了类似的一件好事。那天为了赶火车，他早上 5 点钟就从连队出发了。在去往抚顺火车站的路上，他遇到一个大嫂带着两个孩子——背着一个小的，领着一个大的。当时天正在下雨，母女三人身上都淋湿了，道路很泥泞，小女孩一不小心，跌倒在泥水路上。

雷锋跑过去抱起了小女孩，把自己的雨衣给她披上，得知大嫂是赶火车，也是从抚顺去沈阳的，就一路同行。

到了抚顺火车站，雷锋帮助大嫂买好了车票，又抱起孩子，陪同大嫂母女三人上了去沈阳的火车。

在车厢里，雷锋给大嫂她们找到座位以后，看到大孩子身上直打颤，赶忙擦掉孩子身上和头上的雨水，大嫂怀里的小孩子不知怎么回事，哭个不停。细问才知道，她们母女三人早晨出来没有吃饭，孩子饿得直哭。雷锋马上拿出在挎包里装的三个馒头，这是他出差前炊事班给他带的中午饭。

雷锋看见小孩子不哭了，大孩子也不打颤了，两个孩子大口大口地吃着馒头，有几分欣慰。到了沈阳火车站，雷锋又把母女三人送出车站。

有一次，雷锋去黑龙江省佳木斯执行任务。在回沈阳的时候，乘坐的是沈佳线第三包车组。列车开动以后，列车员小王很快就发现一个解放军战士有些特别，不仅主动给旅客让座，还总是不闲着，一会儿扶老携幼，一会儿帮助打扫卫生，一会儿给旅客倒水。

小王想起在报纸上看到的雷锋事迹，便联想到他是不是雷锋，她走上前，问道："解放军同志，如果我没猜错的话，您是雷锋吧？"

雷锋听了笑笑说："你问这个干什么？雷锋也很平常，他的头上也没贴帖。"

小王找到了列车长，说雷锋就在她的那节车厢里。

列车员和旅客们听说雷锋就在车上，都纷纷过来看他。有的向他问好，有的和他握手，有的和他交谈，有的在一边仔细地看着。大家围在他身边，都不愿离去。

列车到沈阳了，旅客们纷纷下车，而雷锋继续留在车厢里，和列车人员一起打扫车厢里的卫生。当他最后走出车厢时，列车员热情地和他打招呼，高喊着："雷锋再见！"

从此"雷锋出差一千里，好事做了一火车"的佳话便传颂开来。

雷锋参加生产劳动

40

帮大娘找儿子

有一次，雷锋从丹东回来，在沈阳车站换车回抚顺。他检完票以后，走向站台，在过地下道的时候，看见一位白发苍苍的老大娘，拄着拐杖挪动着小脚往家走，手里还拎着一个大包袱。

雷锋赶忙上前问："老大娘，您是从哪里来到哪里去呀？"

老大娘有点上气不接下气地说："俺打关里老家来，去抚顺矿上看儿子。"

雷锋一听，老大娘和自己是同路，便说："大娘，我和您一起到抚顺，我送您。"

大娘说："那敢情好。"

雷锋接过老大娘手里的包袱，搀着大娘上了火车。

在车厢里坐下来以后，雷锋想起还没吃早饭，他便把自己在车站里买的两个面包从挎包里拿出来，自己留一个，送给大娘一个。

大娘推托说："孩子，你吃吧！我不饿，年轻人饭量大，吃一个面包不够。"

雷锋说："大娘，您吃吧！我的个子矮，饭量也小，有一个就够了，您刚才叫我孩子，我听了很亲近，就像自己母亲一样，咱娘俩儿一起吃吧，您就别外道了。”

听了雷锋这番话，大娘真的把雷锋当成自己的孩子一样。两个人一边吃面包，一边唠家常。

大娘告诉雷锋，儿子出来几年了，一个人在抚顺当工人，她不放心，惦记着来看看，可是又没出过门，头一次坐火车有些发蒙，不知道哪是哪。

雷锋说：“您老甭着急，我送您，我一定帮助您找到儿子，放心吧！”

老大娘一听雷锋的话，高兴起来了。她顺手从兜里掏出一封信，给雷锋看儿子单位的地址。

火车离抚顺更近了，雷锋告诉大娘：“抚顺是一个很有名的城市，人们都称作‘煤都’，出产的煤数量多质量好，每天都往全国各地运。有一个露天矿可大了，毛主席都来看过，您这次来了，让您儿子领着也去看看。”

大娘听得有滋有味的，好像这一切就在眼前。

“真没想到，老了老了，还能开开眼界。”大娘兴奋起来。

到了抚顺车站，雷锋扶着大娘走出车站，拿着大娘给的信，按照上面的地址，一点儿一点儿地找。

由于雷锋也不熟悉那个地方，用了两个多小时，走了不少地方，才找到大娘的儿子。母子两人见面甭提多高兴了。

当大娘缓过神，回头找送她来的人的时候，雷锋已经悄悄地走了。

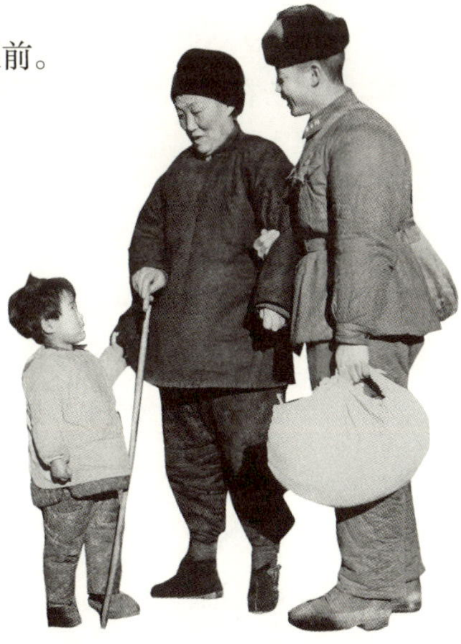

雷锋把到抚顺找儿子的大娘送到家

41

清洗解放牌汽车

给雷锋拍摄照片最多的摄影师张峻和季增，都有一个共同的心愿，就是给雷锋拍摄一张标志性的照片。

什么是雷锋标志性的照片呢？起码有两个因素是不能忽略的：一个是雷锋的身世，他是个苦孩子；另一个是他是个汽车驾驶员。

到了 1961 年上半年，雷锋的影响力越来越大，事迹也越来越突出。雷锋所在部队的领导机关——沈阳军区工程兵党委做出重要决定，树立雷锋为“节约标兵”，进一步扩大宣传雷锋的规模和力度。

政治部宣传处的同志到雷锋所在团给雷锋拍摄了一组照片，回到沈阳后，首长和同志们看了不太满意，提了些意见，当即决定再给雷锋补拍一次，要有突破性和典型性。由于时间比较紧，便打电话给雷锋所在团，让该团电影组的季增去补拍。

当时，团政治处有一份刚刚整理出来的有关雷锋事迹的材料，标题是“雷锋同志的先进事迹材料”。在拿到运输连征求雷锋本人意见的时候，雷锋自己把“雷锋同志的先进事迹材料”勾掉，然后写上：“解放后我有了家，我的母亲就是党。”

看了雷锋自己写的这句话，季增受到了启发，也可以说是茅塞顿开，他把注意力放在了“解放”二字上，要在这两个字上做文章。雷锋的一切先进思想和先进事迹，都来自当地解放后他翻身做主人，都来自他无比感谢和热爱中国共产党。雷锋的可贵之处，在于他把这种感恩的情怀化作了自力更生、艰苦奋斗的精神。而这种精神正是国家和民族所需要的。

那么怎样表现“解放”这个主题思想呢？一是离不开雷锋的本职工作，二是要有实体做衬托。雷锋是汽车驾驶员，可是雷锋驾驶的汽车是从抗美援朝战场上退下来的一台苏联生产的嘎斯51型汽车，比较破旧，也不是中国生产的，与“解放”二字和自力更生的主题不符。

怎么办？能不能换一台汽车呢？不好办，运输连里没有国产的汽车。这时候，季增突然想起，团里有一台拉水的汽车，是保障全团用水的。这台汽车是长春第一汽车制造厂生产的“解放”牌汽车。汽车的前脸上，镶嵌着鲜明的“解放”二字，完全符合雷锋的身世。好！就是它。

经过请示，季增调来了“解放”牌汽车，又找来了雷锋。先是让雷锋试开一下汽车，体会一下，再给雷锋讲自己的构思意图。

雷锋理解能力很强，一下子就听懂了。按照季增的想法，雷锋怀着喜悦的心情，手里拿着擦布，细心地擦汽车。

季增从镜头里，看到雷锋的表情、擦汽车的动作也很符合拍摄要求，立刻按动了快门，留下了这个难得的瞬间。

后来，这张照片和许多雷锋照片一样，获得过多项国家级的奖项，也深得广大摄影者和人民群众的喜爱。

雷锋擦拭“解放”牌汽车

42

苦练投弹

投弹和射击是每个战士军事训练的基本科目，也是每个军人的基本功。雷锋也不例外，是要过投弹和射击这一关的。但他的身材比较矮小，这对射击没什么影响，对投弹却非常不利。这就意味着，他在这个科目上，要付出比他人更艰苦的努力。

新兵投弹训练开始了，大家首先要进行一次测试。这是新兵们的第一次亮相，每个人都很卖力气。

和雷锋一起从辽阳入伍的新兵，有庞春学、于泉洋、乔安山等。他们每个人都摩拳擦掌，投弹时使足全身力气，有的投了38米，有的投了36米，最远的投了51米。而雷锋的投弹成绩是28米，这意味着不及格。

雷锋有些苦恼，当然也不服输。刚强、上进是雷锋的个性。大家都很关心他，纷纷帮助他找原因、想办法。有的说是先天不足、个头矮小，有的说是臂力不够。但办法只有一个，就是加强训练，苦练、多练。

在业余时间里，雷锋成了运动场上的活跃分子。篮球、木马、跳高、跳远他都参加，单杠、双杠更是必练科目，他特别注意在提高臂力上下功夫。

为此，天不亮的时候，他就悄悄爬起来，跑到训练场上，努力训练。当大家起床后上操时，再和大家一起练。中午休息的时间和晚饭后的空隙，他都不放过。他不仅抓紧训练时间，而且在训练效果上下功夫。

他经过苦思冥想，终于想出来一个好办法。在双臂上各拴一块砖头练臂力。用一根绳子一头拴在手臂上，一头拴在大树上，不停地反复做抛投的动作，把胳膊都练肿了，肩膀也练得抬不起来了，可他还是忍着疼痛继续练。

有一天晚上，他站岗到10点。到了10点半，他的床铺上还是空荡荡的，班长有些不放心，便去查岗。接岗的士兵告诉班长，半个小时前，雷锋就已经按时下岗了。班长更不放心了，在车场、操场寻找雷锋。

在路过车场的时候，借着微弱的月光，他发觉有个黑影在移动。发现有人过来，黑影便躲了起来。班长提高了警惕，大喊一声："什么人？

雷锋因投弹成绩不佳而努力练习

雷锋利用业余时间练习投弹

快出来，不许动！”然后，打开手电筒，直照过去。仔细一看，原来是雷锋在手托砖头练臂力。

班长走过去，一把拉起雷锋，催促他立刻回去睡觉。

雷锋央求说：“班长，让我再练一会儿吧！如果我的投弹成绩不过关，会影响全班的总成绩的，会拖别人的后腿的，那是你不愿意看到的，也是我所不甘心的。”

班长说：“你所说的是有一定道理的，我也是理解和赞同的，但训练不是一日之功，一锹挖不出一口井来，一口吃不出来一个胖子。什么事情都要循序渐进，按照规律办事，要持之以恒。”

雷锋说：“班长你放心吧，我会坚持下去的。我有信心，我的投弹成绩会上去的。”

一天，在运输连的训练场上，全班投弹考核开始了。轮到雷锋时，只见他手握手榴弹，张开双臂，一扬胳膊便抛了出去。不少人对他的成绩有一点担心。

不一会儿，传来了喊声，“33 米！”大家纷纷围过来，向雷锋祝贺，终于及格了！

雷锋也很高兴，不过他并不满足。他说：“这个成绩只是取得的初步成果，我还会继续努力的，一定要达到全班平均成绩以上的水平。”

43

征服“耗油大王”

雷锋驾驶的汽车简称为13号汽车。

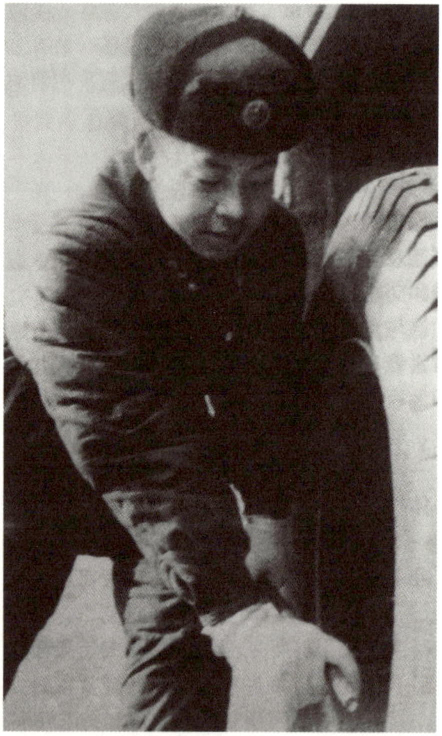
雷锋认真检查车辆

13号汽车是苏联生产的嘎斯51型汽车，是从抗美援朝战场上下来的。车型和车况都比较老旧，是有名的“耗油大王”。因此，全连的驾驶员都不愿意驾驶这辆13号汽车。

雷锋却主动要求驾驶13号汽车。他决心和它相依为伴，共同为国防、施工做贡献。为此，他决心把13号汽车的耗油量降下来，努力让它变成一台节油的汽车。

把“耗油大王”变成节油车，

说起来容易，做起来难，不少人都持怀疑的态度。雷锋既然已经下定决心，就一定要做到。他要在学习技术上狠下功夫。

雷锋认为：“我们光感到新社会好，还是不够的，还要用自己的劳动使它变得更好。汽车是党和人民给我们建设社会主义的武器，每个驾驶员爱不爱这个武器,爱到什么程度,这决定每个驾驶员的阶级觉悟……只要付出了艰苦的劳动，车子就会听使唤。平时不愿下苦心，不肯做艰苦细致的工作，要想车况好，那就像坐着不动，想让苹果掉在嘴里一样，是根本不可能的事。”

经过摸索，雷锋掌握了一套驾驶汽车的经验。会车时，因为灰尘大，他就先让发动机熄火，利用惯性滑行，等飞扬的尘土消失后再开电门。每当汽车开到灰尘较大的路段上，雷锋就停下车，用涂有黄油的大布给滤清器戴上“口罩”。他还在其他方面进行研究，千方百计做好节油的工作。

他不但自己认真学习驾驶技术，还带领全班战士共同学习，总结出来三种学习技术的方法：一是互教互学的方法，二是包教包会的方法，三是理论、图表、实物“三结合”的方法。此后，大家的驾驶技术普遍提高，冬季训练三次大测验，雷锋所在的班取得了满堂红的优秀成绩，被评为军事训练标兵班。

雷锋还带领全班总结出了“三先”“四勤”“五不超”“六不走”“九慢”的安全行车措施：

“三先”，是会车先慢、先让、先停；

“四勤”，是勤检查、勤保养、勤督促、勤清洗；

“五不超”，是不超速、不超载、不超高、不超长、不超宽；

“六不走”，是行车文件不齐不走、车辆检查不好不走、油料不足不走、人员没坐好不走、操纵机械有故障不走、没有上级首长的指示不走；

“九慢”，是转弯慢、交叉路口慢、坡道慢、人员多的地方慢、复杂气候慢、过铁道慢、道路不熟慢、桥梁渡口慢、错车慢。

此外，雷锋还建立了车辆出场前后的检查制度、汇报制度等。全班共安全行车 26600 多千米，没有发生任何事故。圆满完成了上级交给的各项运输任务。

雷锋驾驶的 13 号汽车，不再是“耗油大王”，变成了全连有名的节油车。每当人们路过车场时，都会看到擦洗得最干净、保养得最勤的 13 号汽车。

13 号汽车和雷锋的名字紧紧地连在一起，意味着节油、安全、敬业。

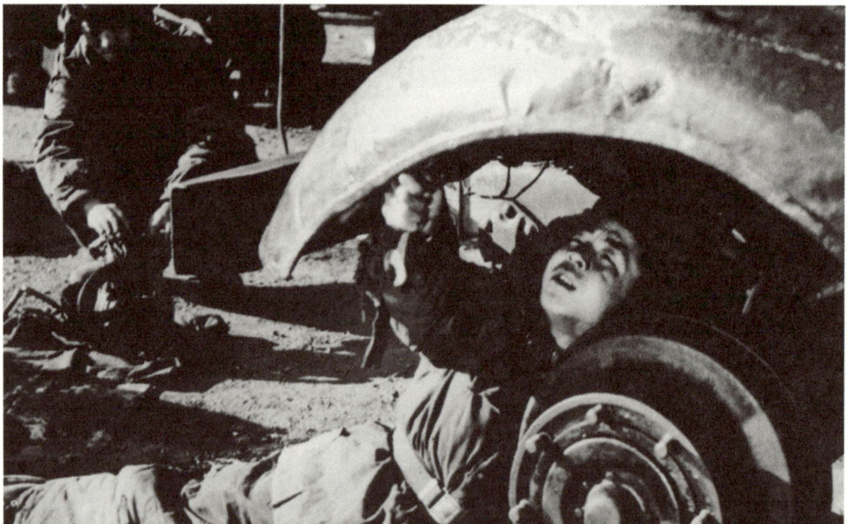

雷锋在保养车辆

44

“千层底”袜子

“千层底”是雷锋穿过的一双袜子。

“千层底”的意思，不是说这双袜子的底部有一千层，而是表示珍贵，是对雷锋艰苦朴素精神的赞美。

雷锋从家乡湖南来到东北鞍钢的时候，县委书记送给他一双袜子。此后，书记经常给他来信，鼓励他艰苦奋斗，为建设社会主义多做贡献。这双袜子，他补了又补，穿了又穿，也舍不得扔掉。

雷锋补袜子

有一次，一位战友看雷锋的这双袜子太破旧，就趁雷锋不在的时候，偷偷从雷锋的被褥底下拿出来，扔到了垃圾箱。

雷锋回来以后，发现袜子不见了，便到处寻找。最后终于在垃圾箱里找到，又捡了回来。

就这样，这双袜子一直陪伴着雷锋，直到雷锋牺牲。

其实，从广义上说，“千层底”不仅仅指的是这双袜子，还包括雷锋的其他日用品，包括鞋子、帽子、衣服等，归根结底，指的是雷锋艰苦奋斗的精神。

这里我们应该特别指出的是，雷锋穿“千层底”的袜子，在生活上艰苦朴素，绝不是因为贫穷。事实上，雷锋当时还经常给战友和工友家寄钱。

雷锋关心国家重过关心自己，爱护集体超过爱护个人。他在生活中使用一针一线，都为人民的事业着想。

他在日记里这样写道：

今天部队发放了夏天的服装，本来每人发两套军服、两双胶鞋……我想，当前国家正处在困难时期，再说，我们的国家还很穷。可是党和人民对我们却还这样无微不至地关怀,使我从内心感激党和人民的关怀。党和人民对我们这样好，我们也得为党和人民着想。应当积极响应党的号召，发奋图强，自力更生，处处做到增产节约，发扬我军艰苦朴素、勤俭节约的优良传统。

为了和人民群众同甘共苦，减轻人民的负担，共同克服目前的困难，我只领了一套单军服、一双新胶鞋，其他用品也少领了。以前用过的东西，我都修补好了，继续使用。穿破了的衣服补好了再穿。我觉得就是现在穿一套打补丁的旧衣服，也比我过去披的破烂衣服要好千万倍啊！

虽然雷锋从小就是个沿街乞讨的孤儿，但他经常忆苦思甜，树立了正确的苦乐观。他说：

“什么是时代的美？战士那褪了色的，补了补丁的黄军装是最美的，工人那一身油渍斑斑的蓝工装是最美的，农民那一双粗壮的，满是厚茧的手是最美的。劳动人民那被烈日晒得黝黑的脸是最美的，粗犷雄壮的劳动号子是最美的声音，为社会主义建设孜孜不倦地工作的人的灵魂是最美的。这一切构成了我们时代的美。如果谁认为这并不美，那他就不懂得我们的时代。”

雷锋的袜子，补了又补，穿了又穿

45

“钉子”的两股劲

大家都知道，雷锋只念过六年书，高小毕业。但是他的实际文化水平远远超过了他的学历。有人说他达到了中学水平，也有人说他达到了大学水平，还有人说他是诗人、作家。

雷锋确实写过一些文艺作品，有小说、散文、诗歌，如《茵茵》《南来的燕子啊》等。一些语句有很高的境界，并富有哲理性，如“人的生命是有限的，可是，为人民服务是无限的，我要把有限的生命，投入到无限的为人民服务之中去”。

雷锋是一个善于学习的人，更是一个努力学习的人。他对学习和读书达到了如饥似渴的程度，把学习和读书看作和工作、生活一样重要，看作是自己人生的重要组成部分。他说，人不吃饭不行，打仗没有武器不行，开汽车没有方向盘不行，干革命不学习毛主席著作不行。

雷锋不仅如饥似渴地学习毛主席著作，还学习各种文化知识和科学知识。他说：

“有些人说工作忙，没有时间学习。我认为问题不在工作忙，而在

雷锋在驾驶室里阅读《毛泽东选集》

于你愿不愿意学习，会不会挤时间。要学习的时间是有的，问题是我们善不善于挤，愿不愿意钻。一块好好的木板，上面一个眼也没有，但钉子为什么能钉进去呢？这就是靠压力硬挤进去的，硬钻进去的。由此看来，钉子有两个长处：一个是挤劲，一个是钻劲。我们在学习上，也要提倡这种‘钉子’精神，善于挤和善于钻。”

那么，雷锋是怎样“挤”和怎样“钻”的呢？

首先是挤时间。所谓挤时间，就是在一天的 24 小时里挤，在一天的饮食起居时间里挤。具体地说，就是在起床前后、熄灯前后、饭前饭后、中午的空隙，以及周末、节假日等。雷锋把这些总结为“六点”：早起点、晚睡点、饭前饭后挤一点、行军路上想着点、星期假日多学点、外出开会抓紧点。

正因为雷锋严格遵循这六点，他的读书学习的场地有了无限的空间。宿舍、食堂、车场、驾驶室、大树下、马路边等地，都是他学习的好地方。他就是利用这些碎片时间和不固定的场所，通读了《毛泽东选集》第一至第四卷。此外，还读了许多其他书，学习了不少时事政治文章。

其次是钻观点、钻问题，理论联系实际，学以致用。他在学习了《毛泽东选集》之后，懂得了怎样做人，为谁活着，他认为“自己活着，就是为了使别人过得更美好”。他以方志敏、董存瑞、黄继光等同志为榜样，做一个热爱祖国、热爱人民，永远忠于党、忠于人民革命事业的人。

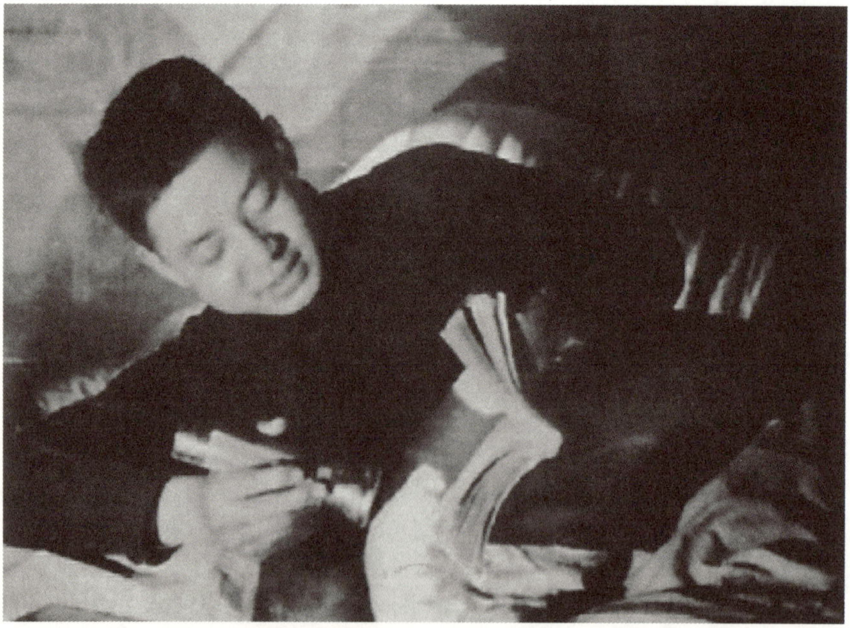

连队吹熄灯号后，雷锋在被窝里打着手电筒看书

46

编外理发师

雷锋的理发箱，就是他给战友们理发用的工具箱。

说起来，雷锋给战友理发还经历了一个过程。雷锋善于思考、观察和发现问题。他根据连队的实际状况，主动向司务长建议买一套理发工具，让大家互相理发。

理发工具买来了，但没人会理发。怎么办？雷锋利用中午休息时间，去附近理发店学习。

部队夏季有两个小时的午休时间，雷锋却很少睡午觉，他不是帮厨或洗衣服、缝补被褥，就是看书、学习、写笔记。可有一段时间，一连四五天都看不到他。

有一天，午睡起床号刚吹过，他满头大汗地进屋了，班里同志问他干啥去了，他说看理发去了，学学人家怎么理发，“理发真是一门学问，是技术活，还得研究人家多大年龄，什么脸型，要求什么发型等。”

经过一周的认真学习和理发师傅的耐心帮助，雷锋能给战士推平头了，但还不敢给干部理分头，他深知自己还没学好，但他不气馁、不灰心。他和司务长蔡云说，毛主席教导我们：“任何新生事物的成长都是

雷锋和司务长蔡云

要经过艰苦曲折的。在社会主义事业中，要想不经过艰难曲折，不付出极大努力，总是一帆风顺，容易得到成功，这种想法，只是幻想。”①

为此，雷锋鼓足勇气，下决心非学好、学成不行。

为了支持和鼓励他，司务长蔡云让他先给自己理。他急忙推辞说：“不行。”

司务长说：“没事，总要从第一个开始吧，大胆点，勇敢点，理不好也没啥。”

从此，雷锋开始理分头了，有时也夹头发，但还是坚持下来了。之后他又给排长、连首长理，慢慢就好了。理发顺手了，他又去买了两套

①毛泽东：《关于正确处理人民内部矛盾的问题》，人民出版社，1960，第 17 页。

理发工具，一个排一套。他还带了两个徒弟。这样一来，连里的干部、战士的理发问题解决了，省了钱又节约了时间。雷锋还在周末和节假日给军烈属、五保户和小学生理发，他也被誉为“编外理发师”。

雷锋在 1961 年 5 月 20 日的日记中记录了这个事情：

目前我们的军事训练很紧张，干部战士的工作、学习简直忙得不可开交，晚饭后的一个小时休息时间，大家都主动地到地里搞生产，有些战友连上街理个发的时间也抽不出来。

根据这种情况，首长给我们买了三套理发的工具，要我们自己互相理发，……我利用业余时间，跑到附近的理发店，请教理发师，在理发师的耐心指导和帮助下，学会了基本的操作方法。我第一次给战友刘正武理发时，总是感到手不顺心，推剪夹头发，一个头还没有理到一半，他说剪刀夹的头皮痛，不剪了。开头一次学理发失败了……我鼓足了勇气，午休不睡觉，跑到理发店继续学习，在理发师的热情帮助下，一次、两次、三次，终于学会了理发。

现在战友们都愿意要我理发了，到了星期六或星期日，我就忙不开。以前不要我理发的刘正武战友，也主动地要我给他理发了。

47

当选人大代表

1961 年春天，雷锋所在团在抚顺县上哈达地区施工。雷锋所在的运输连驻在抚顺市的望花区，负责给全团各施工连队运送给养。在这期间，雷锋被选为了抚顺市第四届人民代表大会代表。

当时，抚顺市准备召开第四届人民代表大会。认识雷锋的居民、教师和学生，提出推选雷锋为市人大代表。本溪路小学有位教师领着两个学生，带着介绍信找到运输连，表示他们想推选雷锋为市人大代表，询问部队意见。

雷锋当选抚顺市第四届人民代表大会代表证书

当时，运输连组织股长赵玉瑞表示，这个事需要向团首长请示。随即，他向团政委韩万金汇报了此事，韩政委说：“这下可好办了。”原来，他也正在考虑这个事情，抚顺市已经正式通知，给该团一个人大代表的名额，要求尽快把名单报上去。政委认为，雷锋在群众中做了不少好事，推选他为人大代表是民意。于是，他在征求大家的意见后，决定把雷锋列为候选人。

在第二天召开的全团施工动员大会上，全团1000多人举手通过，由雷锋作为代表参加抚顺市第四届人民代表大会。1961年7月27日，抚顺市选举委员会的通知到了雷锋手中。

雷锋在日记里这样写道：

我看见有六位六七十岁的老太太来参加抚顺市第四届人民代表大会，内心十分羡慕和尊敬。我看到她们就好像看到自己的祖母一样。拉着她们的手，微笑地向她们问好，并把她们一个个地送到宿舍，给她们倒茶、打水……并和她们有趣地拉家常。……从阶级友爱出发，我不但爱这些老太太，而且爱全国人民，爱全世界的劳苦大众。他们都是我的亲人，我要为他们的自由、解放、幸福而贡献自己毕生的全部精力，直至最宝贵的生命。

他还在大会的文件袋上写了一首诗：

过去当牛马，今天做主人。
参加代表会，讨论大事情。
人民有权利，选举自己人。
掌握刀把子，专政对敌人。
衷心拥护党，革命永继承。
哪怕进刀山，永远不变心。

1961年，雷锋当选辽宁省抚顺市第四届人民代表大会代表

雷锋还在抚顺市第四届人民代表大会上作了发言：

敬爱的上级党委，亲爱的全体代表：

我是沈阳军区抚顺驻军的一名战士，像我这样在旧社会要饭的穷孩子，今天能够参加这样的大会，心里有说不出的高兴，但是我又感到很惭愧。

我高兴的是：有党和毛主席的英明领导，自己当了家，做了国家的主人，有了说话的权利。

我感到惭愧的是：自己是个大老粗，是个不懂事的孩子，为党做的事太少了，比起各位代表，我差得太远了。我有决心向大家学习，请代表们多多指导和帮助。

为了更好地接受党的教育，求得大家的帮助，我想在大会上表示一下自己的决心。首先，我完全同意和衷心拥护王市长、赖副市长、史院长所做的报告，并且坚决认真贯彻执行。

亲爱的全体代表：我是一个给地主放猪出身的穷孩子。今天我能够参加这样的大会，是我做梦也想不到的。在吃人的旧社会，我一家人都死在帝国主义、封建主义、官僚资本主义的手里……

……

回想过去，看看现在，使我更加热爱党、热爱毛主席。

今天，我衷心地感谢党救了我的命，感谢党给了我无产阶级思想，感谢政府对我无微不至关怀和照顾，感谢人民对我的爱护。

为了不辜负党和人民对我的要求和期望，以及在这次大会的鼓舞下，我决心鼓足更大的革命干劲，努力学习马列主义和毛泽东思想，更好地为人民服务，在今后的工作和学习中，争取更大的成绩。我一定要时刻提高革命警惕，握紧枪杆，保卫我们的社会主义建设，保卫我们的祖国。我要永远忠于党，忠于人民，忠于保卫祖国的伟大事业，做毛主席的好战士。

最后祝大会胜利成功，全体代表身体健康！

48

在战友的婚礼上

如今居住在河南省郑州市的洪建国和杨玉兰夫妇，经常给人们讲述雷锋的故事。他们还保留着当年结婚时来宾签字的红绸子，上面有雷锋的签字，工工整整地写着“雷锋”。

20 世纪 60 年代初期，洪建国是沈阳军区工程兵政治部宣传处干事。他受领导的指派，经常陪伴雷锋到各地部队去作报告。曾一同去过沈阳、大连、丹东、旅顺等地。

雷锋与洪建国的合影

每到一个单位，雷锋总是坚持在战士灶就餐，也不住招待所，坚持住在来队家属的临时房。在公共汽车上，雷锋总是站在司机的后面，仔细观察学习驾驶技

雷锋签名的红绸布

术。每一次外出，雷锋总是很照顾洪建国。洪建国是回族，接待单位不了解，饭菜不注意，他便常常吃不好。雷锋记住了这件事，会事先向邀请方说明情况。

雷锋作报告时，洪建国经常一边听一边掉眼泪，非常感动。

有一次，两个人到旅顺口给部队作报告，在大连等车的时候，两个人到大连商场的摄影部拍了一张二人合影。

不久，洪建国开始处对象了。女方是沈阳市同泽街小学教师杨玉兰。他们的媒人，就是经常给雷锋照相的张峻和他的爱人马桂云。张峻和洪建国是一个处室的，同在工程兵政治部宣传处工作，马桂云和杨玉兰是一个单位的，同在同泽街小学当教师。

1961 年 7 月 28 日，洪建国和杨玉兰的婚礼在沈阳军区工程兵政治部会议室举行。这天，正好赶上雷锋在沈阳市作报告，因此他作为唯一的战士代表，参加了婚礼，这也是他第一次参加战友婚礼。

会议室的门口，摆放着一条长桌子，上面平铺着一块二三尺见方的红绸布，所有的来宾都在上面签字，雷锋自觉地承担了接待来宾的工作。首长和同志们都在红绸布上签字，雷锋也工工整整地在上面签了字。然后，他就给大家倒茶、点烟、送糖块、送水果，里里外外，忙个不停。

雷锋给大家留下的印象常常是忆苦思甜。可是在这个场景，他完全变成了另外一个人，是那样的快乐、活泼，甚至还有几分调皮和刁顽。他出了一个让新郎官和新娘子抢咬苹果的主意，逗得全场人开怀大笑，还特意让他们唱了一首民歌《新媳妇回娘家》：

新媳妇，回娘家，
怀里抱一个大南瓜呀，
走一步来歇一下，
真是那个没法拿
……

看到这样欢乐的场面和幸福的时刻，雷锋笑出了眼泪。这一天，他眼泪是甜的，是为战友的幸福美满生活高兴而掉的眼泪。

49

到女兵连作报告

许多人都知道，雷锋和沈阳军区司令部通信总站女兵连的女兵们，建立了深厚的友谊，留下了感人的故事。但是许多人都不知道，雷锋是怎样去女兵连的，他与女兵们的友情是怎样建立的。

1961 年 8 月，在一次沈阳军区政治部青年工作小型座谈会上，时任沈阳军区司令部通信总站政委的赵明生，在听一个小个子、带有浓重湖南口音的士兵发言时，对这个士兵——雷锋产生了兴趣。

他感到雷锋这个小战士很可爱，他的事迹听起来似乎平凡，不像战斗英雄事迹那样惊天动地，但是很实际、很感人、很亲切。与许多战斗英雄相比，雷锋有一种不一样的精神，一种平凡又不平凡的精神。这种精神贵在人人都用得上，天天都用得上，随时随地都用得上。他同样是一种英雄，这种英雄应该叫作和平建设时期的英雄，具有鲜明的时代特点和现实意义。

于是，赵明生主动与雷锋交谈，并向雷锋发出邀请，到通信总站女兵连作报告。

雷锋收到这个邀请，很是开心。因为女兵连和通信兵，这些单位和工作性质对他来说，都是比较新鲜和神秘的，他认为这是一个很好的学习机会。

在通信总站的女兵连，雷锋先是讲述了自己的苦难家史，在场的女兵们一起和他掉眼泪，大家都非常同情这个孤苦伶仃的小战友。接着，雷锋话题一转，讲起了现在的学习、生活和工作。

女兵们倾耳静听，一个个都入了神。报告结束以后，女兵们一下子把雷锋围起来，七嘴八舌地问个不停。雷锋热情地和她们讲起自己学习毛主席著作的体会。

雷锋的到来，令女兵们十分欣喜。她们用卖牙膏皮的钱，买来水果和糖招待雷锋。

雷锋则把水果和糖一一分发给大家，他那张圆圆的、清秀的脸上始终挂着微笑，目光中流露着真诚。他亲切地与女兵们交流着思想，畅谈着工作和学习。

雷锋留影

女兵们感受到了雷锋对党、对工作、对同志的无比热爱和忠诚。与他交谈，就像在和一位相知多年的朋友谈心。

不知不觉中到了午饭时间，大家边吃边聊。饭后，雷锋和女兵们一样，走到水池边洗起碗来。因为下午要开会，雷锋要离开女兵连了。这时，女兵们每人都捧着一个笔记本，请雷锋为自己留下赠言。于是，雷锋就在大家的笔记本上留下了各有特点、尽抒心声的赠言。

每一条赠言虽然只有短短的几十个字，但那朴实的语言道出的赤诚之心，读来令人感动、振奋。

雷锋给姚桂琴的赠言是："请您记住，伟大的理想产生于伟大的毅力。祝您在保卫世界和平和国家利益的岗位上创造出成绩。"

在于海琴的笔记本上，雷锋这样写道："我觉得，一个革命者就应该把革命放在第一位，为党的事业贡献自己的一切，这才是最幸福的。"

1962 年 8 月 8 日，雷锋公出途经沈阳，他像看望老朋友一样，再一次走进了女兵连，与女兵们畅淡人生、理想。大家都很乐于和他交谈。

然而，令女兵们震惊的是，仅仅几天后，她们可敬的战友、亲切的朋友，便因公牺牲在他的岗位上。噩耗传来，女兵们纷纷将雷锋留给自己的赠言贴在床头上，以表怀念。

1963 年 1 月 7 日，国防部正式命名雷锋生前所在班为"雷锋班"，命名大会在沈阳军区"八一剧场"举行。

命名大会结束后，雷锋所在团的时任政委韩万金和"雷锋班"班长张兴吉受邀来到女兵连，为女兵连和通信总站所属分队 700 多人，作了雷锋事迹的报告。

《解放军报》报道了通信总站女兵们学习雷锋的先行动作和先进事迹，在全军率先吹响了学习雷锋的号角。

50

中秋节的月饼

八月十五月儿明，
连队里的战士分了月饼，
雷锋把月饼放在那床头，
一个人静悄悄走出了房门。
朗朗月色，阵阵秋风，
营房里隐隐传来同志们的欢笑声。
幸福的时刻，
想起了从前，
他心里像黄河滚滚翻腾
……

这首歌唱出了雷锋在中秋节晚上的复杂心情。

有一年，在中秋之夜，皎洁的月光下，徐徐的秋风吹来，战士们一个个手里拿着月饼，边吃边笑，欢欢乐乐的，军营里到处是一片节日的气氛。而雷锋捧着领来的四块月饼，却一口也没有吃。他将月饼放在了床头，一个人走了出去，心里一起一伏的。

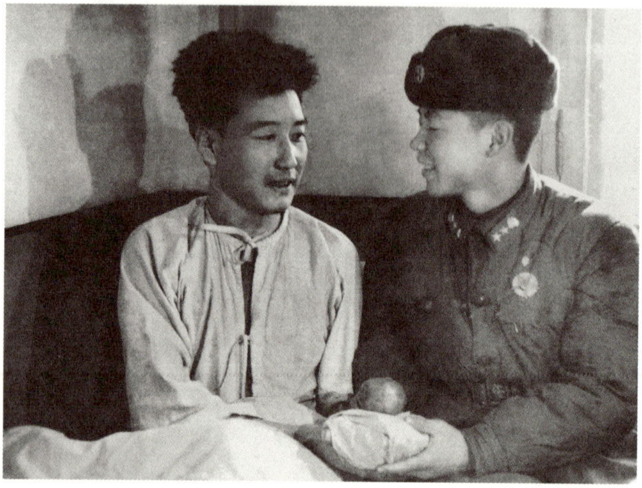

雷锋看望抚顺市西部职工医院的住院病人

他想起，在湖南的望城，天是阴沉沉的天，风是凉飕飕的风，雨是湿淋淋的雨，他饥一顿饱一顿，长到了八岁，全家人也没有吃过一口月饼……共产党来到他的家乡，他获得新生，光荣地加入了人民解放军。

今夜的月饼，应该留给那辛苦工作在生产第一线为国负伤的阶级兄弟。为了建设中华人民共和国，为了创造美好的未来，有多少阶级兄弟，多少无名英雄，付出了血汗，有的还躺在病床上。

想到这里，他久久不能平静，把连队分给他的四块月饼，小心翼翼地用纸包起来。然后又写了一封慰问信：

“亲爱的阶级兄弟，为祖国社会主义建设负伤和有病的休养员同志，这四块月饼是人民给我的，它使我想起了过去的苦，体验了今天的甜。因此，请收下一个战士的心意吧。”

第二天，他出车路过抚顺市西部职工医院，把信和月饼送给了在那

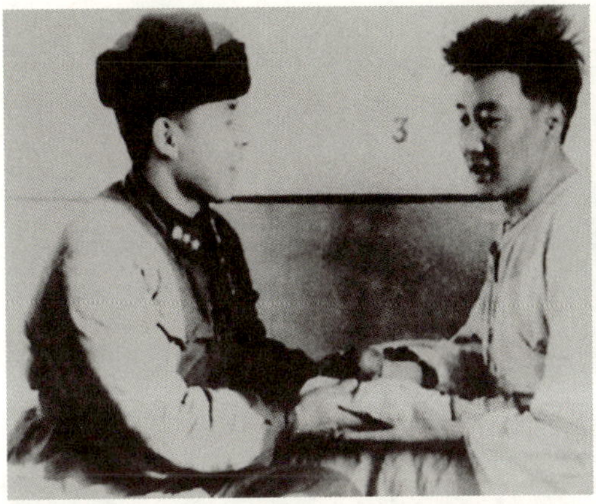
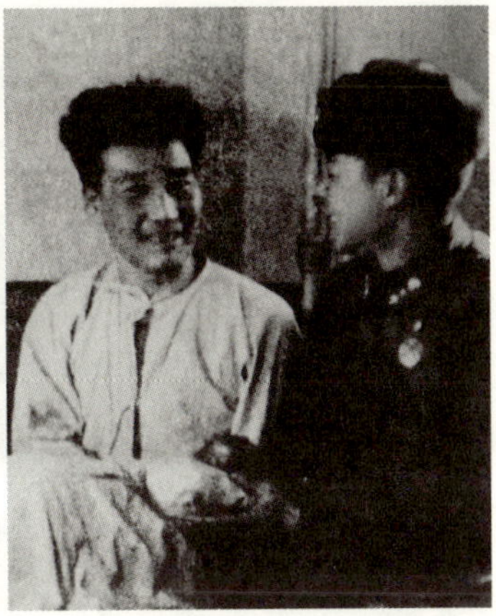
雷锋把月饼和苹果送给抚顺市西部职工医院的住院病人

里休养的伤病员。

还有一次，雷锋把连队分给他的苹果也送给了抚顺市西部职工医院的休养人员，并写了一封慰问信：

敬爱的西部医院全体休养员同志们：

你们好，在这新春佳节里，我十分想念你们……我呢，从小就失去了父母哥弟，剩下了孤孤单单的我，在旧社会，过着人不如狗的苦日子。解放后，在党和毛主席的抚育下，我从一个幼稚无知的穷孩子，成长为一名解放军战士，光荣的共产党员。今天党和毛主席就是我慈祥的母亲。全国六亿多人民就是我的阶级兄弟，在这革命的大家庭里，让我们共同地欢度新春佳节吧！

今天我怀着万分高兴的心情给你们写这封信。首先向你们致以亲切的慰问和祝贺！精神愉快吧？生活过得好吗？一切都好吗？祝你们早日恢复健康，节日愉快。

我是人民的子弟兵，我一定要握紧手中武器，保卫我们的社会主义建

雷锋在抚顺市西部职工医院门口

设，保卫世界和平。我要永远忠于党，永远做人民的勤务员。我愿为党和阶级的最高利益牺牲自己的一切直至生命。在这新春佳节里，我非常想念你们，只有把自己领到的一斤苹果作为送给你们的春节礼物，以表自己的心意。

祝你们春节快乐！

此致

敬礼！

战士雷锋

51

节约标兵的“百宝箱”

雷锋有一个节约箱，也叫“百宝箱”。那么，他的节约箱里都是一些什么宝贝呢？其实都是一些不起眼的废旧物品，比如牙膏皮、破

雷锋向建设街小学的少先队员展示节约箱

布、铁丝、螺丝帽、生锈的钉子和废旧汽车零件等。雷锋把这些都当作宝贝，废物利用。另外，还有一个扫把。这个扫把是干什么用的呢？那可是有大用场的，它能够收集到用手无法收集起来的东西，比如散落的水泥，粮食、米粒等。

有一次，在冬季拉练的途中，雷锋发现一辆拉粮食的汽车上有一条麻袋破了，一些大米掉在地上，一粒一粒的。雷锋就用扫把扫在一起，又放进麻袋里。然后，他到自己的节约箱里找出针线，把麻袋补好。

雷锋与战友一起缝被子

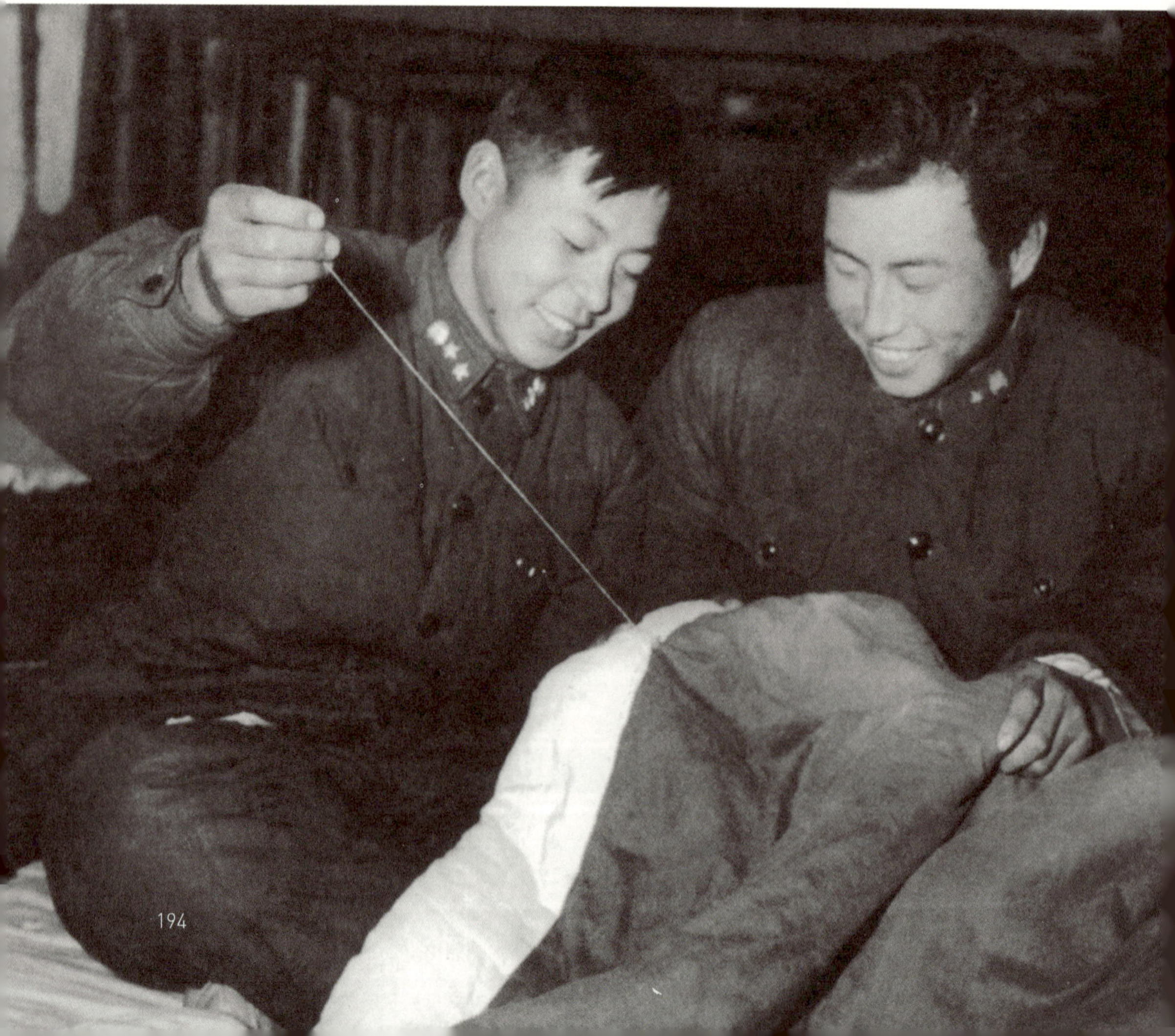

1961 年 11 月的一天，一营的五个战士配合雷锋拉水泥。雷锋是开车的，五个战士是负责装卸车的。他们卸完车以后，就跳到车上，等待雷锋返回去。可是雷锋没有马上开车，而是拿着一个扫把和一个撮子上了车。

他们有些莫名其妙，雷锋要干什么呢？原来他是要打扫车厢里散落的水泥。

这时，其中一个战士不解地说：“我们这么大的一个国家，还在乎这么一点点水泥？再说了，这样的小事也不是司机应该干的事呀！赶快开车走吧！”

雷锋听了，笑了笑，然后严肃地说：“勤俭节约是中华民族的传统美德，也是我们人民解放军的光荣传统。我们每个人都应该继承和发扬。我们国家虽然很大，但还是比较贫穷落后的，我们都是国家的主人，应该精打细算。何况国家正处在困难时期，更不能浪费一分一厘，可别小看这么几斤水泥，用在工程建设上，能够砌好几块砖呢。毛主席教导我们说，贪污和浪费是极大的犯罪。”

1962 年 3 月，雷锋开车到铁岭县大甸子公社，给工兵三连拉粮食。三连派四名战士装卸车。粮食装完了以后，他们就催促雷锋赶快开车回连队。

雷锋没有马上开车，而是先拿一个扫把和一个撮子，打扫散在地上的粮食。雷锋说：“我们国家虽然很大，但不能浪费每一粒粮食。我们都是农民子弟，我们的父辈一年四季种地不容易，我们必须珍惜，否则对不起国家和人民。”

几位战友听了深受教育，马上下车，和雷锋一起打扫粮食。回到连队以后，他们心服口服地说：“雷锋真是名副其实的节约标兵。”

52

获奖的持枪照

1998 年，加拿大摄影艺术协会（CAPA）评选出 20 世纪全球最有影响力的 100 张照片。其中一张就是周军拍摄的雷锋穿棉衣、戴皮帽的持枪照。

这张照片拍摄于 1961 年的初冬。当时，沈阳军区已经大张旗鼓地开展学习雷锋的活动，将雷锋的先进事迹进行全面宣传。

周军在沈阳军区政治部的《东北民兵》杂志社工作。领导布置给他一个任务，让他约雷锋写一篇关于如何成长进步的文章。他想，如果能够配上一张雷锋的个人照片，文章就更完美，主题就更鲜明了。

此时，雷锋恰巧在沈阳开会，周军在军区第二招待所的走廊里，找到了正在帮助服务员打扫卫生的雷锋，把杂志社的意图告知了他。雷锋爽快地答应了，并说："我一定完成任务，但写得不好请你们修改。"

第二天上午，周军把雷锋接到沈阳军区政治部《东北民兵》杂志社办公室。雷锋仅仅用半天时间就写出了几千字的文章，并按时送到编辑的手里。编辑打开一看，只见文稿工整，文理流畅，字体清秀，很受感动。他们还让雷锋署上自己的名字，告诉他是要做铅版用的。雷锋

雷锋的持枪照获得国际奖项

提笔，写了一个又一个，直到自己和大家都满意为止。

写好后，周军对雷锋说："咱们到院子里照个相吧！"

雷锋听了连连点头。然后习惯性地整理服装，检查军容。

那一天天气虽然有点冷，但是很晴朗。周军已经在自己的头脑里构思了一个伟大的中国人民解放军战士的形象，像一尊雕塑，高大、刚毅。

他细心观察雷锋，雷锋的气质好，一脸的阳光。问题是他的着装不太符合构思形象。雷锋当时戴的是一顶亚寒区部队配发的剪绒帽，有点旧，似乎还洗过，显得比较紧，看起来不是很舒服。怎么办呢？

这时，正好有一位从黑龙江调来的同志从这里路过，戴着一顶皮帽子。他听说是给雷锋照相，欣然同意把自己的帽子借给雷锋用。

雷锋戴上以后，比原来精神多了。

周军在取镜框里仔细一看，这个帽子太大，给人一种压在头上的感觉，和身体比例不协调。正在此时，编辑部的李奎根同志把自己的皮毛帽子拿了过来，这是一顶寒区地带（在东北是四平以北）配发的长耳皮帽，看上去威武、庄严、大气。

雷锋换上这个帽子很合适，正是周军想要的效果。接着，周军又从执勤战士的手中借来一支冲锋枪，让雷锋挎上武装带后持着。

周军非常兴奋，找了一个适当仰拍的角度，果断按下快门，拍下了一个伟大的士兵。

整个拍摄过程紧张而艰苦，得到了在场同志的热情支持和友好帮助，特别是雷锋同志本人的积极配合。那天天气很冷，雷锋在外面换了几次帽子，脸和手都冻红了，但他依然十分耐心。

照片拍摄完之后，现场气氛活跃，在场的同志聚集在雷锋身边。有的用手摸摸他用过的枪，有的轮换着去戴雷锋戴过的那顶皮帽子。

另一个角度拍摄的持枪照

53

特邀代表

雷锋于1962年2月19日至28日，历时九天，在沈阳“八一剧场”出席了沈阳军区首届共青团员代表大会。

出席沈阳军区首届共青团员代表大会，并且作为特邀代表坐在主席台上，这是雷锋生前所得到的最高荣誉。

想想看，一个曾经讨饭的苦孩子，一个普通的士兵，一个身高不足一米六的小个子，能够坐在大军区级别会议的主席台上，那是多么的了不起。能够在这样高级别的会议上，与那些曾在战场上叱咤风云的少将、中将、上将们坐在一起，雷锋是做梦也想不到的。此时此刻，他这个上等兵可以和将军们并放光辉。

出席沈阳军区首届共青团代表大会，对于雷锋来说，还有三个很“实惠”的收获。一是加快了雷锋在党内进步的步伐；二是扩大了雷锋的影响范围，提高了典型级别；三是有机会接触更多的先进典型人物，开阔了雷锋的视野。

如果说此前的雷锋是先进典型，那只能说是沈阳军区工程兵的典型，而参加了共青团代表大会后，他便成为沈阳军区数一数二的先进典型。

1962 年 2 月 19 日，雷锋以特邀代表身份出席沈阳军区首届共青团代表大会

这也为日后毛泽东等老一辈无产阶级革命家为雷锋题词奠定了一定的基础。

1962 年 2 月 19 日，沈阳军区首届共青团员代表大会在沈阳的“八一剧场”举行。在当天的会议上，雷锋作了题为《我是怎样从一个苦孩子成长为毛主席的好战士》的报告。在报告中，雷锋诉说了苦难的童年，畅谈了他在党的阳光照耀下所得到的温暖，汇报了他参军前后的一些感人事迹，介绍了自己学习毛主席著作的心得体会。

雷锋的这场报告，感人肺腑，激人奋进，在与会的500多名代表和1000多名旁听者中，引起了强烈反响。

当天晚上，雷锋便在自己的日记中写道：

今天是我永远不能忘的日子。像我这样一个穷孩子，能光荣参加这次沈阳部队召开的首届共青团代表大会，感到万分的激动，能见到上级首长，直接听到首长的报告和指示，更是感到光荣。首长特邀我参加这次隆重的共青团代表大会，并选我为主席团的成员，能和首长坐在一起，能和来自四面八方的英雄模范见面等等，这一切都是我过去做梦也想不到的。

我这次参加共青团代表大会，既感到高兴，又感到惭愧。高兴的是：有党和毛主席的好领导，全军共青团工作取得了巨大的成就；惭愧的是：我为党和人民做的工作太少了，比起其他的代表，我差得太远了。但是我绝不甘心落后。我想只要听党和毛主席的话，积极肯干，就能为祖国

雷锋在大会上发言

雷锋与出席沈阳军区首届共青团代表大会部分代表合影（左一为雷锋）

为人民做出许多好事。我相信自己，别人能做到的事，我一定能做到。我绝不辜负党和人民对我的期望，决心从以下几个方面努力：

一、永远听党和毛主席的话，党指向哪里，我就冲向哪里，处处以整体利益为重，全心全意为革命工作，勤勤恳恳，踏踏实实，在平凡细小的工作当中，干出不平凡的业绩。

二、好学，我要认真学习毛主席的著作，刻苦钻研技术和业务……决心做个又红又专的革命战士。

三、我要密切联系群众，相信群众，虚心向群众学习，团结带领群众一同前进，永不自满，永不骄傲，永远谦虚谨慎，紧紧地和群众团结在一起，共同为党的伟大事业而奋斗。

四、我要积极肯干，做到说干就干，干就干好，脚踏实地，实事求是地干，千方百计地干，事事拣重担子挑，顺利时干得欢，受挫折时也要干得欢，扎扎实实地干，一定要把事情办好。

54

结识先进人物

在沈阳军区共青团代表大会上，雷锋结识了不少先进人物，也交了不少好朋友。其中有一个被人们称为雷锋兄弟的人，叫雷凯。

雷凯也是这次大会的代表，是某部“神枪手四连”的代表，他是一位神枪手，百发百中。雷凯当时在沈阳军区影响很大，是全军区军事训练的标兵。

雷锋向来上进好学，他抓住这次机会，利用会议的间隙向雷凯学习军事技术。雷凯也特别喜欢雷锋，愿意和雷锋在一起。

雷锋告诉雷凯，他已经写了申请书要求到东南沿海前线。目前，正在抓紧武装自己，掌握过硬的杀敌本领。

听了这些情况，雷凯把教雷锋学习射击技术当作要紧的事。他从枪把的依托、瞄准、勾机等几个要领进行介绍，并让雷锋反复进行训练。早饭前、晚饭后、中午休息，都是他们交流军事训练技术的好机会。

那些天，他俩几乎形影不离，代表们都说他们是亲哥俩。

几天的会议很快过去了。大会结束以后大家就要各奔东西，回到自己紧张的工作岗位上。雷锋和雷凯有些不舍，他俩都想留个纪念，

雷锋与雷凯

有的代表建议他俩照张相。那么到底照一张什么样的照片呢？他俩想来想去，就照一张交流军事技术的照片吧！这样最有意义了。

有位记者认识雷锋，就主动承担起这个任务，还把这当作新闻摄影的难得机会。一个是学习毛主席著作的积极分子，一个是军事训练的排头兵，既代表高度的政治觉悟又体现过硬的杀敌本领，这将是无往而不胜的。

雷锋回到部队以后，加紧军事训练，不断巩固雷凯教他的射击要领。他的射击技术提高很快，在军事考核中取得了优秀的成绩。

在共青团代表大会上，雷锋还结识了一个人，那就是全军学习毛主席著作积极分子廖初江。

雷锋积极向廖初江学习，互相交流学习毛主席著作的体会。雷锋也给廖初江讲述自己的经历。两个人相处得很投机，并合影留念。

雷锋在这次会议上的一个很大的收获，就是结交了很多先进人物，并与许多人保持着良好的关系。有的互相留下赠言，有的经常通信，互相勉励，互相鼓舞，共同前进。

当时，和雷锋同住在一个房间的代表叫杨得志，是位“押运神兵”，他的事迹还刊登在了报纸上。雷锋虚心向他学习，并在日记本里写下宝贵的赠言：

杨得志同志！您是优秀的共青团员，是党的好儿女，是我学习的好榜样，愿您的青春像鲜花一样，在祖国的土地上发散着芳香，在保卫祖国的战线上，多立功勋。

落款是战友雷锋。时间是1962年2月21日。

在大会结束以后，雷锋依然与有关的同志保持着通信往来。他给一个叫郑树信的写过多次回信。其中一次是这样写的：

亲爱的郑树信同志：

您好，紧紧地握手吧！

来信和礼物都收到了，感谢您对我的热情关怀和帮助。您的来信我不止看过一遍，而是一字字一行行地念了无数遍。您的每句话对我的工作学习等方面都有很大的鼓舞，对我的启发和帮助甚大。特别是您给我寄来的礼物，更使我感激不尽。

亲爱的郑树信战友：自上次会议咱俩见面，直到现在，我无时不在想念您。咱俩在一起的时间虽短，但是您一举一动，一言一语，都给我留下了深刻的印象。您对同志无限热忱，对党无比忠诚的精神，值得我永远学习。我能与您交上朋友，感到非常荣幸。

为了更好地向您学习，以求得您帮助，我怀着万分高兴的心情写信向您汇报：

自从上次我在沈阳开完会后，就离开了连队，到外地单独执行运输任务。现在我们的工作很紧张，白天黑夜出车，简直忙得不可开交。我们在任务重，道路复杂，困难很多的情况下，圆满地完成了上级交给我们的各项运输任务。在这段时间里，提高了技术，在艰苦的环境里锻炼了自己的意志，改造了思想，我很希望经常这样。

目前，我的工作学习都比较忙，身体这段时间还很结实，生活过得很不错，精神非常愉快。总之，一切都好，请勿念。

最后，让我们紧紧地携起手，为人类的解放事业——共产主义事业而共同奋斗吧！

致辞

敬礼！

战友 雷锋

1962 年 4 月 12 日

55

与战友看电影

1962 年 2 月 18 日，是宋清梅一生中最难忘的日子。他被全团共青团员选为出席沈阳军区首届共青团员代表大会的代表。和特邀代表雷锋同志一起参加这次大会，使他倍感荣幸。

在近十天的会议中，雷锋的一言一行都给他留下了极为深刻的印象，他说："结识雷锋是我人生道路上的一个重要里程碑，也是我做好工作，干好事业，当好一个兵的新起点，他的行为、他的思想、他的为人、他的精神，每时每刻都在激励我成长、进步。"

1962 年 2 月 16 日上午约 9 时，宋清梅在团部见到了雷锋。他亲切地和雷锋握了握手，认真地说："我们这次去一定要好好学习，不辜负首长和全团共青团员对我们的期望和要求。"随后，雷锋又和他一起商定了到车站的时间和要乘坐的车次。

在这之前，宋清梅曾几次听过雷锋的事迹报告，平时也多次见过雷锋，但都没有说过话。这次时间虽短，但雷锋热情和真诚的态度，给他留下美好的印象。

1962 年 2 月 18 日下午 2 点，雷锋比宋清梅早到了车站，先买了火车票。

上车时，雷锋让其他同志先上，还帮助两位旅客提了行李。那天车上人不算多，他们上车找到座位后，把挂包放在茶几上，就去帮列车员倒水、擦地，之后才坐下来。

雷锋向宋清梅介绍了火车几点到沈阳，到沈阳后多长时间到招待所等情况。又问：“清梅，你单独来过沈阳没有？”

宋清梅回答说：“没有。”

雷锋说：“这次参加会议的有老英雄模范，也有军区新涌现出来的先进典型，是我们这次学习的好机会。”说着，打开挂包，拿出《毛泽东著作选读》看了起来。大约看了十分钟的样子，雷锋注意到宋清梅在往外看风景，问他：“你带书没有？”

宋清梅说：“只带了笔记本和牙具。”

雷锋接着说：“坐火车也是学习的好机会，我们当驾驶员的，学习

雷锋阅读《毛泽东选集》

时间太少了。”

宋清梅说：“我们工兵连学习的时间也不多。”

两人到沈阳军区招待所住下后，已是下午3点半左右。雷锋说：“晚饭前没事，咱们到街上看看，顺便再买点书。”

出大门不远，经过东北电影院门前时，看见影院上映新戏曲故事片《孙悟空三打白骨精》，雷锋说：“这是个新片子，咱们去看看好吗？”

宋清梅说：“行。”雷锋立即向售票处走去，一问，票已售完，马上就要开演了。

雷锋说：“看不成了，咱们还是上街逛逛去。”他们刚要离开，正好有两个人退票，雷锋随即付了票钱。他俩赶紧往里进，刚找到座位，就开演了。

看完电影走出电影院大门，雷锋说：“这个电影太好了，政治性、思想性、艺术性都很强。”

宋清梅说：“今晚这电影看得真过瘾，钱没有白花，水平太高了。”

雷锋说：“看一部电影不仅要看它演艺水平高低，还要看它对人们思想有何教育。如这部电影中的孙悟空是个英雄好汉，它立场坚定，是非分明，能透过事物的表面现象看清事物的本质，识破白骨精的阴谋。对敌人不抱任何幻想，坚决斗争到底，直至把敌人消灭。唐僧这个人软弱无能，敌我不分，对敌人抱有幻想，而把好人当成了坏人，结果落入妖魔之手，要不是孙悟空搭救，他可真的上西天了。还有猪八戒，个人主义思想极为严重，干事也不认真，分不清是非，患得患失，也差点断送了自己的性命。沙和尚表现一般，不上不下，站在中间，分不清是非，结果也上了敌人的当。”

最后，雷锋说：“这部影片现实教育意义也很大，特别对那些对帝国主义抱有幻想的人是一个极好的教训。我们要学习孙悟空坚定不移的立场，分辨是非的能力，顽强的斗争精神，对敌人恨、对自己人无限忠诚的特性。”随后雷锋拿出日记本说：“我得把看电影的感受写出来。”

宋清梅躺在床上久久不能入睡，他感到雷锋的认识水平、分析能力太强了，自己和雷锋的差距太大了，非常佩服雷锋。

2月18日晚，宋清梅比雷锋睡得早，可第二天早上起床时已不见了雷锋，只见雷锋的床上被子叠得好好的。他立即起床，去找雷锋，一转弯看见雷锋满头大汗，正在帮服务员擦走廊。他也跟着干了起来，把厕所擦了一遍。

这时，雷锋问他：“洗脸没有？”

他回答说：“还没有呐！”

“那你赶快洗去，快要开饭了。”

“看你脸上那么多汗，也得洗洗吧！”

于是，他和雷锋回到房间，雷锋把毛巾打湿，简单地把脸擦了擦说：“你洗吧，我先出去一下。”

宋清梅洗完脸后，吃饭铃声响了，赶紧去找雷锋。刚一进饭堂，看见雷锋正往桌子上端饭端菜。

会议结束的前一天，宋清梅请雷锋在纪念册上签字留念。

雷锋简短地思索了一下，写下这样几句话：“亲爱的宋清梅同志，送你几句话，一个革命者，就应该把自己的毕生精力和整个生命为人类的解放事业——共产主义全部付出。”

在雷锋牺牲多年后，宋清梅担任了雷锋团第九任团长。他转业回到家乡后，牵头成立了邓州“编外雷锋团”，带领家乡的战友传承雷锋精神，邓州“编外雷锋团”被中共中央宣传部授予“时代楷模”称号。

56

士兵与将军

雷锋生前与一位将军有着深厚的情谊，而且还到过将军家里做客，可谓是“士兵与将军”交往的典范。

这位将军就是沈阳军区工程兵主任王良太。他是一位老红军，1933年1月参加中国工农红军。他高度重视并要求部队关怀、培养雷锋，雷锋入党，被树立典型，参加军区工程兵、军区共青团代表大会并被选为主席团成员，都与他有关。

雷锋入伍六个月左右时，沈阳军区工程兵党委发现了这个“根正苗壮”的好典型。

1960年夏季，遵照党中央下发的“关于机关干部下基层”的指示精神，沈阳军区工程兵党委组成了若干个工作组，派团以上干部下到连队和基层，帮助总结经验、改正工作。当时有个说法叫“种试验田”，指的是以点带面，把个别和一般结合起来的工作方法。

那时候，工兵十团，也就是雷锋生前所在团在抚顺施工，担负建设抚顺钢厂基建的任务。分配到这个团的工作组，由副参谋长朱玉山带队。朱玉山也是一位老革命，十四五岁就参加了红军。他们在走访过程中，了解到雷锋在入伍后短短几个月里表现出来的一些先进思想和模范事迹，主要是如何勤俭节约、不浪费粮食等日常生活中的事情，这些虽然看起来是小事，但却具有普遍意义。

在交流下基层情况时，雷锋入伍后的表现，得到了沈阳军区工程兵党委的高度重视，随即派出政治部副主任王寄语，带队组成专门工作组，赴雷锋所在团和雷锋所在连进行深入全面的调查。主要了解雷锋怎样学习政治、怎样学习技术、怎样勤俭节约的一系列大大小小的事迹，收集

雷锋与沈阳军区工程兵主任王良太

了团政治处整理的“解放后我有了家，我的母亲就是党”的雷锋先进事迹材料，这也是雷锋事迹的最初材料。

这时，工程兵党委对雷锋的身世、入伍前的表现、政治思想基础，又进行了研究和认定。在此前后，还布置组织、宣传、青年部门的同志和工兵十团的同志深入连队，进一步了解雷锋，对雷锋的情况有了比较全面、系统的掌握。经调查研究，工程兵党委认为雷锋阶级觉悟高，对党的感情深，对旧社会有刻骨的仇恨，对党和社会主义无比的热爱，这些是支配他一切言行的基本动因。

1960 年 11 月初，沈阳军区工程兵党委召开常委扩大会，研究贯彻军委扩大会议精神，整顿基层党支部和在部队开展“两忆三查”教育。此前，雷锋在连队忆苦思甜，讲述了自己苦难的经历，引起了轰动。因此，工程兵常委一致认为，雷锋这个典型是成熟的，站得住脚的，应该大力宣传和推广。于是，决定将已初步形成的雷锋事迹材料转发所属部队，同时决定召开连队政治工作会议，参会范围为雷锋所在连队和基层党支部的代表，以学习和宣传雷锋事迹作为主要内容，邀请雷锋本人到会作报告。

在此基础上，王良太决定对他进行面对面的培育教育，让其感受到党组织时刻在关心同志们的进步和成长，从而使他进一步加强学习，努力工作，全面发展，真正做一个经得起任何考验的毛主席的好战士。1960 年 11 月 21 日，沈阳军区工程兵党委常委集体接见了雷锋，党委书记王良太代表党委讲话，并赠送他《毛泽东选集》第一至第四卷。

在连队政治工作会议期间，工程兵常委同意了政治部的组织、宣传、青年三个处联合提出的建议，于 11 月 23 日，以沈阳军区工程兵党委的名义，正式作出了授予雷锋同志“模范共青团员”称号的决定。1960

年11月到1961年1月，沈阳军区工程兵组织雷锋在本部队和应兄弟部队及地方中小学邀请，作了27场报告，听众达2.2万多人次。

当时，雷锋报告的主题内容就是忆苦思甜。雷锋后来入了党，又学习了一些有益的知识，接受了党的全心全意为人民服务的宗旨，树立了为绝大多数人谋利益的远大的共产主义理想，成为伟大的共产主义战士。

王良太以工程兵党委书记的身份，悉心关怀、鼓励和培养雷锋，同时还以个人身份与雷锋交朋友。

雷锋先后七次到他家，每次两人都有说不完的话题。

雷锋来王良太家是受到了邀请。在1960年11月21日军区工程兵党委常委集体接见雷锋时，王良太除了对雷锋进行充分鼓励外，还特意邀请雷锋有时间到家里做客。他的这种邀请做客，并不是通常的人情往来说客套话，而是要把自己变成雷锋的朋友和亲人，甚至是家人。王良太的这一切都是真诚的、殷切的、发自内心的。

当然，雷锋也十分愿意到王良太家。他长这么大，还从来没这么近距离和将军在一起。他从王良太的言辞和语气中悟到，将军的邀请不是一般的客套，而是一种殷切的期望和嘱托。他这个从苦海中走出来的孤儿，一下子便感受到将军对士兵的特殊感情，那是骨肉亲情所不能比拟的大爱，这并不是每个士兵都能得到的。因此，他对王良太产生了无比信赖和敬仰的感情，总想去看望他，听他的谆谆教诲。

作为20世纪30年代初期参加革命的老战士，同雷锋相处，王良太觉得自己年轻了许多。每次的谈话都很投机，没有领导对下属的训示，没有长者对晚辈的指教，而是一种新老战士间的感情交流，是相互间的告诫和勉励。

雷锋作为一个普通士兵，如此优秀的表现，不仅深深打动着王良太的心，同时，也感染了他的夫人左瑾和他的几个大一点的孩子。

王良太深有感触地说，“他每次来访，都给我家带来一种新的活力，在我的家庭里产生一种新奇的感觉。因此，他每次来我家，我都舍不得他走，如果相隔时间长了他不来，我便有些想念。”

王良太像关心自己的子女一样关心雷锋，考虑雷锋年纪还小，是个好苗子，正在茁壮成长之中，不能出问题。因此，他每次见雷锋讲得最多的就是时刻防止骄傲情绪，虚心向别人学习，外出要处处有礼貌。所以他在赠给雷锋照片的背面写下这样几行字：“赠给雷锋同志：虚心使人进步，骄傲使人落后。祝愿我们共同进步，建设美好的未来。”雷锋

雷锋与王良太

也将自己的照片赠送给王良太，签上了自己的名字。王良太将军一直把雷锋给他的照片保存在身边。

1961 年春季的一天，雷锋驾驶汽车从抚顺路过沈阳到营口去执行任务。当行驶到苏家屯的时候，突然发现汽车转向支臂折断，方向盘失灵，无法行驶。更糟糕的是雷锋驾驶的苏式嘎斯 51 型汽车，已经属于淘汰车型，不仅支臂容易折断，而且零件也难以找到。

在万般无奈的情况下，雷锋便想到了王良太。于是，他急忙搭乘汽车返回沈阳，找到了王良太。这位身经百战的老将军二话没说，急忙为雷锋找汽车零件，辗转了两三个地方，才找到这种零件。

雷锋甭提有多高兴了，他重新换上支臂，驾车上路，奔向前方。

1962 年 8 月 15 日，王良太将军在外面开了一天会，傍晚时回到家。他正在吃晚饭时，忽然有人来报告：雷锋同志于今天中午牺牲了。他十分震惊，不但晚饭吃不下去，连话也哽咽着说不出来。他抑制着自己的悲痛之情，心情沉重地说："雷锋的牺牲，使我们部队失去了一位好战士，我们党失去了一名好党员，我失去了一位好战友。但是他给我们党委、我们部队留下了最宝贵的精神财富，他创造的英雄业绩将永世长存，他永远活在我们的心中。"

57

一生捐款知多少

人们都知道雷锋捐款，但雷锋一生捐款具体有多少？相信许多人都不清楚，也是想不到的。

1958年春天，望城县委决定将围起来的团山湖开垦成一个农场，让荒芜沉睡的湖州地变成“米粮川”。这个决定得到了上级部门的大力支持，当即分配给了望城县一台拖拉机指标，并批准其建立拖拉机站。

当时国家经济比较困难，县财政资金更紧张。于是，望城县以团县委的名义向全县青少年发出了捐款号召，这个号召立刻得到了广大共青团员和少先队员的积极响应。有捐三角五角的，有捐一元两元的，这些钱像雪花一样飘来。

紀　念

雷正興同志，为建立望城青少年拖拉机站积极地开展了增产节约，勤俭办一切事业，热情的捐献人民币贰拾〇元〇角〇分正，特发予此证，以资紀念。

共青团望城县委会

公元一九五八年　月　日

雷锋的捐款纪念证书

在全县捐款的青少年之中，有一个人捐款最多，他就是雷锋（雷正兴）。他一次捐款 20 元，受到望城县团县委的表彰，还发给他一张纪念证书。

在今天看来，20 元很不起眼，在当时却是个了不起的数目，那时雷锋每个月的工资也就是 20 元左右。这 20 元钱全是分币和角币，用一块布仔细包裹着，这可是他这一两年精打细算攒下来的，准备用来给自己换被子的钱。

这是雷锋的第一次捐款。雷锋的第二次、第三次和第四次捐款，是在鞍钢。这三次都是给个人的捐助，捐助对象是他的工友和老乡。

雷锋从小就失去了父母，成了无依无靠的孤儿，深感没有家庭的痛苦，因此身边的人谁有困难，谁的父母有病，他都感同身受。

1959 年 4 月，鞍钢化工总厂洗煤车间的炼焦工人王大修，不慎将当月的工资、粮票、饭票全弄丢了，突如其来的变故让他的生活一下子变得捉襟见肘。

雷锋得知此事后，在开饭时，把王大修拉到食堂，动员工友们凑钱给他买饭票，雷锋当场捐助给他 10 元钱和 8 斤粮票。

青年工人刘大兴是雷锋的湖南老乡。有一次母亲来信，说家里有急事，要他赶快给家里寄 50 元钱。可他当时手头只有 20 元钱。正在他犯难的时候，雷锋得知了此事，当即拿出 30 元钱，并陪他一起到邮局，把凑齐的 50 元钱给母亲寄回了家。

张建文也是雷锋的湖南老乡，还是雷锋在望城县委工作的同事，也是他在鞍钢的工友。两人一同从家乡来到鞍钢，又一起到弓长岭铁矿，十分要好。

1959 年 10 月，张建文收到家中来信，说母亲病故，让他回家处理母亲的丧事。办丧事需要钱，而他当时经济上比较困难，只好空手赶回家中。让他没想到的是，在他回家的第二天，便收到了雷锋从东北寄来的 20 元钱，解了燃眉之急，让他终生难忘。

入伍以后，雷锋进步很快，当年便加入了中国共产党，还荣立个人二等功和三等功各一次。他做的好事就更多了。他把自己的一切都献给了祖国和人民，处处关心他人，捐款对他来说，已是家常便饭，次数越来越多，金额也越来越大。

1960 年 8 月 20 日，正值星期六，雷锋在去买书的路上看到人们敲锣打鼓，又是扭秧歌，又是喊口号。他上去一打听，原来是为庆祝人民公社成立。他备受鼓舞和触动，心想，自己也应该为人民公社做点什么。思来想去，他就到储蓄所取出来 200 元存款，来到抚顺市望花区的和平人民公社，准备捐款。开始，公社的干部没有收，表示只能收下他的心意，但最后，公社干部看到雷锋态度坚决，实在推托不掉，只好留下了其中的 100 元钱。

不久，雷锋在报纸上看到辽阳市遭受了百年不遇的特大洪水灾害，非常惦记那里的灾情，更放心不下那里灾民的生活。因为辽阳是雷锋入伍的地方，他工作过的弓长岭就位于辽阳县的安平乡。雷锋决心伸出援助之手，就把自己给人民公社捐款剩下的那 100 元钱，寄给了辽阳县人民政府，请他们转给受灾的百姓。

战友周述明家里来信，说父亲得病了，家里困难，无钱买药医治，让他想办法寄钱，给父亲治病。周述明一筹莫展，因为自己手里根本没有钱。

雷锋知道后，就悄悄地以周述明的名义给他家里寄去了 10 元钱，缓解了家里的困难。

乔安山家里盖房子，母亲生病，雷锋就悄悄地以乔安山的名义给他的家里寄钱。乔安山没有文化，他的信都是雷锋代念代写的。

后来又有人发现，雷锋还给河南省的一个民办小学寄过100元钱。

雷锋牺牲后，在储蓄所里还有100元存款，留存至今。这个储蓄所因而得名“抚顺市雷锋储蓄所”。

那么，雷锋各个时期的收入到底有多少呢？

雷锋把100元钱捐献给辽阳灾区人民

他在望城县委工作一年多的时间，每月工资是20元左右，总收入共300多元；在团山湖农场，每月工资是32元，工作时间是9个多月，总收入共300多元；在鞍钢工作时间是一年零两个月，开始学徒时每月的基本工资是22元，加上各种工勤补助总共30多元，当推土机手每月的基本工资是34元5角，加上工勤补助，应该是40元出头，工人时期共收入400多元；雷锋在部队时的津贴费开始是每月6元，最多的时候是每月8元，只够买生活必需品的，雷锋服役的时间是两年零8个月，他的津贴费总共也就200元左右。所以，雷锋在五年多的工作时间里总收入约为1200元。而他做好事的总支出竟超过了500元。

雷锋从参加工作有工资收入的时候起就开始捐款。从家乡望城，到鞍钢，再到部队的五年多时间里，雷锋共捐款十次，其中单位和集体捐款四次，个人捐款六次。

以上，是关于雷锋收入和捐款的基本情况。雷锋除维持自己的基本生活所需以外，差不多把自己全部收入的一半献给了国家和人民。

雷锋一生善待他人，见不得别人有困难，只要他见到了，只要他有能力，不论时间、地点和对象，他都会毫无保留地去帮助。

人们常说，做好事并不难，难的是一辈子做好事，雷锋就是一个一辈子做好事的人。

58

下石碑村来了解放军

1962年7月，雷锋带领四班全班同志执行施工所需物资运输任务，住在铁岭县横道河子下石碑村。在此期间，他给一位18岁的女青年李维英留下了一条珍贵的赠言。

李维英家住下石碑村，刚满18岁，1962年6月从铁岭县七中毕业。

恰逢其时，山沟里的家乡开进了一支解放军的队伍，她感到特别新奇、有趣和开眼界。那一列列步伐整齐的战士，那一个个飞奔的车轮，那一张张笑脸，给她和她的家乡带来了一片生机。

李维英居住在爷爷家里。与爷爷一墙之隔的艾荣普家里，就住着雷锋和他的战友乔安山。艾荣普和李维英的姑舅沈启发住的是东西屋，沈启发家有一个姑娘叫沈凤云。李维英经常到沈家找表姐玩。

李维英看到雷锋经常把爷爷家的水缸挑得满满的；奶奶有病起不来床，雷锋就把自己在部队舍不得吃的油炸糕给奶奶送来。李维英十分崇敬这位解放军战士，她想，这位解放军战士真像电影里的八路军战士一样，多么可亲可敬可爱啊！

后来，李维英从邻居的嘴里知道，这位解放军叫雷锋，是一个班

雷锋给李维英的赠言手迹

长，是部队的“节约标兵”，还是全团学习的模范。与雷锋接触，李维英发现雷锋热心、勤快，整洁、大方，精神头十足，尤其爱学习。

1962 年 7 月 19 日的晚上，雷锋冒着雨来到了李维英的爷爷家。

李维英的爷爷问雷锋：“孩子，你有什么事情？”

雷锋笑着说：“大爷、大娘，人民选我当了抚顺市人大代表，我想征求一下你们的意见。看看有什么意见和建议没有？”

李维英的爷爷一听，忙拉住雷锋的手说：“孩子，你们做得太好了，村里人都夸啊，自从你们来了之后，村子里的道平整了，家家的水缸满满的！”

雷锋拉住李维英爷爷的手说：“大爷，我们做得还很不够，与党和人民的要求还相差很远，有意见您老只管提出来。咱们军民是一家，有什么事儿您老就别客气。”

那时候，下石碑村还没有电灯，在昏暗的煤油灯下，李维英的爷爷和雷锋在炕边亲热地交谈起来。

那个年代，很流行赠言，李维英便在自己的笔记本上扯下一页纸，请雷锋写个赠言。

雷锋接过笔和纸思考了一下便写了起来，然后递给李维英，李维英一看，纸上写下了这样一段话：

李维英同志：

请您记住这句话：伟大出于平凡。我衷心祝愿您在平凡的工作中，创造出不平凡的事迹。

同志雷锋

1962 年 7 月 19 日

59

唱支山歌给党听

人们很喜欢雷锋，也很喜欢与雷锋有关的一首歌，这首歌就是《唱支山歌给党听》。可是有些人对于雷锋与这首歌之间存在两种误解。一种是有人认为这首歌是雷锋创作的，另一种是曾听雷锋唱过这首歌。

雷锋1960年1月入伍，入伍不久他在日记本里写道："唱支山歌给党听，我把党来比母亲；母亲只生我的身，党的光辉照我心。旧社会鞭子抽我身，母亲只会泪淋淋，共产党号召我闹革命，夺过鞭子揍敌人。"

1962年8月15日，雷锋因公殉职，人们感到万分可惜和悲痛。1963年3月5日，毛主席题词"向雷锋同志学习"，全国人民立刻响应，掀起了轰轰烈烈的学习雷锋的热潮。为了配合和满足学习雷锋群众运动的需求，当时，有两本书很快地出版发行了。一本是《雷锋的故事》，另一本是《雷锋日记》。上海音乐学院教授朱践耳看到了雷锋日记中的这八句话，被优美的词语所感动，被雷锋的精神和事迹所打动，满怀激情地谱写了曲子。

当时，藏族歌唱家才旦卓玛正在上海音乐学院学习、深造，朱践耳决定由她来试唱。结果，一下子就唱响了。随着学习雷锋群众运动广阔深入地开展，这首歌很快传遍了祖国的大江南北，成为家喻户晓、亿万人民共同喜爱的歌曲。

当时人们都认为，《唱支山歌给党听》就是雷锋的作品。人们这样认为是完全有理由的。因为这首歌的内容，太符合雷锋的家庭背景了，太符合雷锋个人的出身和经历了，太符合雷锋的感情了，太像雷锋说的话了。

作曲家是满怀对雷锋的热爱和对雷锋精神的赞美而谱曲的；农奴出身的歌唱家才旦卓玛是怀着自己和雷锋一样的人生经历来放声歌唱的；亿万人民是怀着对雷锋的深情和崇敬，响应毛主席的伟大号召而齐声歌

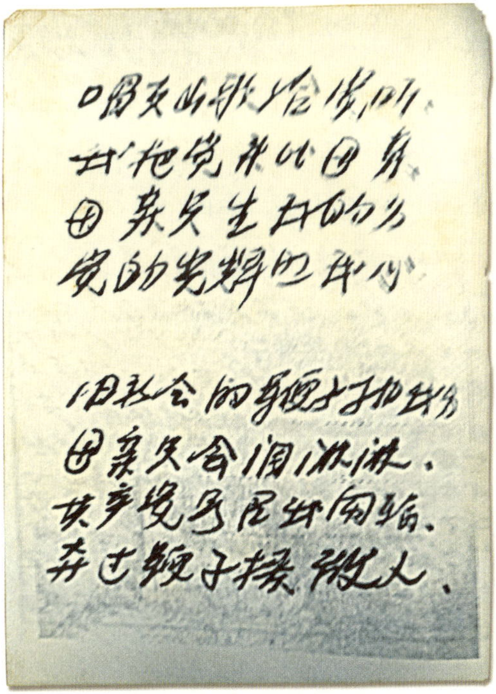

唱支山歌给党听，
我把党来比母亲，
母亲只生我的身，
党的光辉照我心。

旧社会的鞭子抽我身，
母亲只会泪淋淋。
共产党号召我闹革命。
夺过鞭子揍敌人。

雷锋在日记中写道“唱支山歌给党听”

唱的。

可以说，雷锋的经历是这首歌的文化内涵，毛主席“向雷锋同志学习”的题词，是这首歌曲强大坚实的政治基础。

过了一年左右，有人了解到这首诗歌是雷锋在一本叫《陕西文艺》的杂志上摘录下来的，作者的名字叫“蕉萍”。但“蕉萍”是谁？是什么单位的？一时也搞不清楚。直到 1998 年，在纪念毛主席给雷锋题词 35 周年的时候，媒体公开报道了《唱支山歌给党听》的来龙去脉，广大人民群众才就此得知事情的始末。

原来，“蕉萍”是一个笔名，有人联想到陕西铜川矿务局有个焦坪煤矿，便给铜川矿务局去了信，寻找作者“蕉萍”。铜川矿务局的领导对这件事很重视，上下动员，还到焦坪煤矿查找。

焦坪煤矿是个不到千人的小煤矿，消息传到这里，很快便有群众向领导反映，有个下放的干部叫姚筱舟，平时爱写写画画的，有写点小诗和散文的雅兴。如果这个“蕉萍”确在焦坪，那十有八九就是他。

几天后，领导把姚筱舟从煤矿叫到机关，可他一口否认，自己与此事无关。最后，领导打消了他的思想顾虑，告诉他这是一件好事，是一件非常有意义的事情，他才承认“蕉萍”是自己的笔名。

姚筱舟的老家在江西上饶，他 1951 年参军奔赴朝鲜战场，参加了抗美援朝战争。1954 年志愿军回国，他所在的部队撤到西北，支援社会主义建设。他从此参加地方工作，被分配到陕西省铜川矿务局所属的焦坪煤矿，当了一名技术员。

在煤矿，他和广大的煤矿工人生活在一起，不仅熟悉了矿工，而且进一步了解了矿工新旧社会两重天的生活，矿工们特别热爱中国共产党，经常用陕北民歌和打油诗等，控诉旧社会的“霸王窑、恶把头、疙瘩鞭”，歌颂新生活。

这些就是姚筱舟创作这首诗歌的基础和基本框架。1984年他调到《铜川矿工报》当编辑。1985年，他作为无党派人士代表，被选为铜川市政协常委。1990年，他当选为铜川市文联副主席。

1997年5月7日，他收到上海东方电视台的邀请函，参加“上海之春”音乐会。在开幕式上，64岁的姚筱舟见到了75岁的上海音乐学院教授朱践耳和60岁的藏族歌唱家才旦卓玛。

60

英雄的意外离世

20世纪60到80年代，是学习雷锋的火热年代。那时候，人们不知道雷锋是怎么牺牲的，或者说人们不知道雷锋牺牲的过程。改革开放以后，特别是1996年，电影《离开雷锋的日子》上映以后，大家才知道雷锋是怎样牺牲的。但那也只是个基本概况，并不翔实和全面。毕竟那是电影，是文艺作品，不是死亡调查报告。

看了有些表现雷锋的影视作品，曾经给雷锋牺牲做现场勘察和死亡鉴定的史宝光说："影视里关于雷锋牺牲的情况，描写的与事实出入太大。电影里地方交通警察在现场紧张地忙碌，又是划线，又是丈量，其实这都缺少起码的军事常识。雷锋牺牲在营区里，是军队内部的事情，是不允许地方随便介入的。还说沈阳军区军法处也来人了，其实是根本没有的事。当时就我一个人，沈阳军区工程兵政治部保卫处的中尉助理员张峻配合我照相。我做了现场勘察和雷锋牺牲经过的报告，得到团党委和沈阳军区工程兵首长的批准，就定论了。"

1962年8月15日中午，工兵十团（雷锋所在团）派人到沈阳，向沈阳军区工程兵（正军级，雷锋所在团的领导机关），报告了雷锋牺牲的消息。

由于当时并不清楚雷锋的死因，沈阳军区工程兵政治部裘主任和保卫处长谭善和商量后，决定派保卫处中尉助理员史宝光前去处理。因为是事故性案件，所以又派了宣传处负责摄影的中尉助理员张峻一起去摄影取证。

下午2点，他们二人乘坐吉普车，由沈阳至抚顺营区雷锋牺牲的现场。史宝光首先检查了雷锋的遗体，其次听取了团里和连里的关于雷锋牺牲的经过和原因的情况汇报，主要是听连长虞仁昌和指导员高士祥的汇报。

虞连长说，雷锋和乔安山把汽车从下石碑村开回连队停车场后，来到连部向我请示说，他们两人商量好了，汽车不开到修理连修理，他们要自己干，准备先把汽车开到九连的炊事班门前，用自来水冲刷一下，中午就可以晒干，下午请王教员和白副连长帮助，自己进行保养。这样既节省了时间，又学到了技术。当时，乔安山还问了一句“保养汽车时没有工具行吗？”雷锋回答说“我到修理所去借”。我就同意了他们的想法，并表扬了他们工作积极主动，把任务往前赶和努力学习技术的精神。然后，雷锋向我敬个礼便回到车场了。还不到十分钟，就听到房后大喊“雷锋！雷锋！”

汇报到这里的时候，韩万金政委问乔安山在哪？得到的回答是“关禁闭了”。韩政委马上对指导员高士祥说：“你去，把乔安山放了，绝不能死了一人，再死第二个人，你要负责他的安全，千万不能再发生什么意外。”

高指导员立刻带着副连长来到乔安山被禁闭的地方，见两名战士持枪而立，显然气氛过于紧张，容易激化事态。为了解除乔安山的心理压力和紧张感，他故意大声对哨兵说："乔安山没事了，你们还在这里干什么，政委让你们赶快回去。"

乔安山见到高指导员，边哭边说："指导员，我有罪呀！这么好的班长让我给撞死了，让我和班长一起去死吧！"

乔安山痛苦地说："当时，雷锋在左前方指挥我前进，我是挂二挡起步的，而且方向盘回轮很快，结果汽车左后轮将柞木方柱挤倒了，木方子和拴在树上的铁丝同时被拉断了，柞木方柱向左前方弹了出去，正好砸在雷锋的头部，惨剧发生了。如果当时一挡起步，再慢一点，情况也是有可能避免的。"

指导员认为乔安山说的属实。

汽车撞倒柞木方柱的现场

听完汇报后，史宝光来到雷锋牺牲的现场，把乔安山叫过来。他看乔安山有些紧张，稳定了一下他的情绪后，开始询问每一个细节，乔安山做了如实的回答。

前一天，也就是 8 月 14 日，后勤处的李助理员在下石碑村的驻地通知雷锋和乔安山："你们俩明天回抚顺，把汽车整一整，星期一把煤拉回来。"

乔安山当时还算了算，第二天是星期六，星期一就是大后天。

1962 年 8 月 15 日早晨，雷锋和乔安山吃完早饭，就到停车场把汽车整理了一下，便上了路。

开始是乔安山开车，雷锋在车厢里。开到半路一个叫金花楼的地方，二人做了交换，雷锋开车，乔安山到车厢里。大概不到两个小时，大约 10 点，他们便回到抚顺的营区。

汽车停好后，雷锋说："我去连部，跟连长请示一下。"说完便去了。

乔安山留在车场上，那里还有另外两台汽车在大修，他便过去帮忙。

将近一小时以后，雷锋回来了，对乔安山说："咱们去借用九连的水管洗车。"

乔安山一边答应，一边去开车。雷锋去前面把拦在道路上的铁丝网卸了下来。

到了铁丝网跟前，乔安山把汽车停下来问："能不能行？"

雷锋说："没事了。"

乔安山就挂上了挡，拐直角弯，只有拐过直角弯，汽车才能走，但那个弯很不好拐，当时乔安山还倒了一下车，才开进去。

汽车开进去以后，是一个较狭窄的人行道。在道口的南边有一棵大树，以这棵大树为起点，依次排列一行 1.5 米高、碗口那么粗的柞木方柱（横截面为40厘米×60厘米），用8号铁丝连接起来，平时用来晾衣服。

雷锋站在汽车的左前方指挥，距离汽车头部很近，几乎靠近汽车的脚踏板。一边打着手势一边说："没事的，往前开吧！"

乔安山便放心地一直往前开。在开车的过程中，他听到"咔嚓"一声，也没在意，一直把汽车开到九连厨房的水管处。

雷锋倒下的过程，是这样的：

在乔安山开车的时候，把离汽车最近的一根柞木方柱从根部挤断了，并把拴在柞木方柱上的8号铁丝也拉断了，折断的柞木方柱在铁丝拉力的作用下，打在了雷锋的太阳穴上。

乔安山下车后，才发现雷锋倒在地上，赶忙跑回去。在附近菜地里的几个战士也跑了过来，他们一起把雷锋抱了起来。这时，雷锋的嘴和鼻子往外喷血，喷到了乔安山的身上。

与此同时，已经有人到连部报告了。接到报告的连长虞仁昌立刻派副连长开车，把雷锋送到抚顺的西部医院进行抢救。

雷锋被送到西部医院后，立刻进行了抢救。他被放在床上时，浑身抽得很厉害，一下了坐了起来。这是他最后一次大动作的抽搐，而后便停止呼吸了。

院长和主治医生都来了，他们给雷锋做人工呼吸，雷锋似乎缓过来了。但院长对连长说："这个人恐怕是不行了，唯一的希望是立刻做开颅手术，但我们这里做不了，技术和设备都不具备，需要马上到沈阳的陆军总院去接大夫。"院长的同学恰好是陆军总院从事这方面手术的权威大夫，他写了个便信，白副连长开车奔向沈阳。

大夫们继续做抢救工作。他们把床铺移动过来，观察着雷锋的变化。

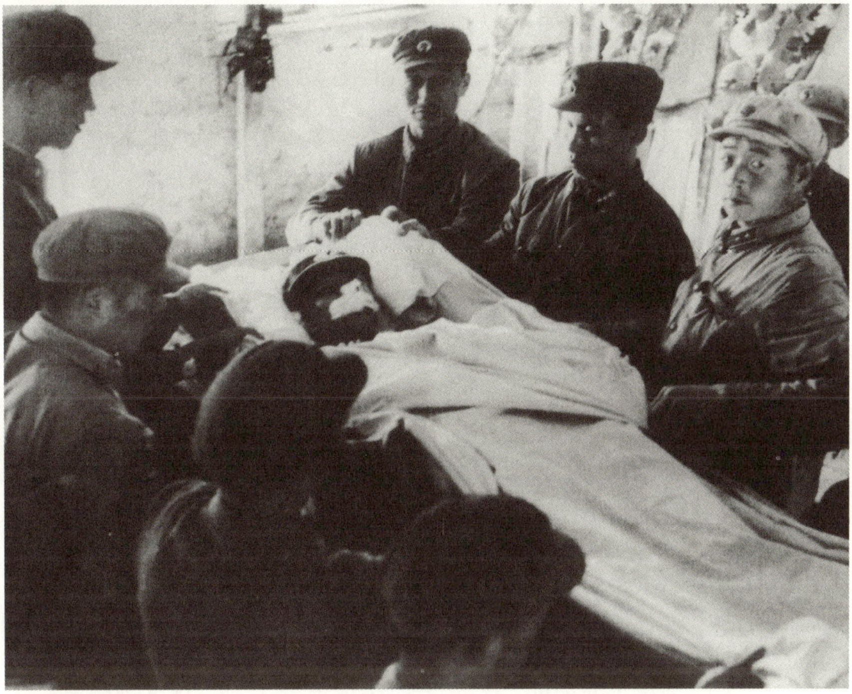

雷锋被紧急送往医院

这时的雷锋还在抽搐，但抽搐的频率越来越快，刚开始的时候十多分钟抽一次，逐渐到五六分钟抽一次，然后就完全中断了呼吸。

这时，在场的人都懵了，不知所措。院长说："赶快把气管割开，往里输氧气。"医生把雷锋的脖子的一侧割开了。护士紧张得手有些哆嗦，院长亲自上手把氧气管插进气管里，但雷锋没有反应。见此情况，院长又做人工呼吸，过了五六分钟，雷锋依然没有好转的迹象。院长只好放弃地对连长说："不行了，抢救无效，回去准备准备吧。"

史宝光听完了汇报后，让乔安山把和雷锋一起开的丁 7-24-13 号汽车开过来，按着原路走一遍，停在出事的地点。史宝光认定现场有五个关键地方：

一是13号汽车的出事地点和周围环境。二是一排晒衣杆和连接的8号铁丝。三是打在雷锋太阳穴上的那根柞木方柱。四是压断了的从土里挖出来的那一截木桩子。五是挖出来木桩子后留下的那个土坑。

张峻一一拍了照。经过一个下午的工作，情况基本清楚。史宝光以上级保卫部门代表的身份，提出对这起事故的初步定性意见，即八个字：因公殉职，意外事故。晚上，他向沈阳军区工程兵政治部正式打了报告，说明了雷锋同志牺牲的经过、性质和处理意见。这个报告很快得到了各级组织的认同和批准。

为什么说雷锋是“以身殉职”呢？因为雷锋是在工作岗位上牺牲的，是他作为班长在指挥本班战士倒车时出现的事故，所有这一切都发生在工作的时间里，没有离开本职的岗位。

为什么说是“意外事故”呢？一般人谈到雷锋牺牲的时候，往往随意地说“雷锋是汽车撞死的”。这种说法很不合适，一是过于简单，二是不够准确。

事实上，不是汽车直接撞在雷锋的头上或者是身上，而是汽车撞在那根柞木方柱上，柞木方柱也不是顺着车轮压挤的方向，而是在铁丝拉力的作用下，改变了方向朝着汽车前部倒下来，砸在了雷锋的头部。这是雷锋想不到的，也是乔安山想不到的，更是其他人想不到的，所以定性为“意外事故”。

这个结论是比较客观、准确、得当的。说明雷锋不是无谓牺牲，不是什么责任事故，不影响雷锋生前的完美形象和高尚品格，也不认为乔安山有直接责任。

考虑到雷锋是抚顺市人大代表，部队专程向抚顺市人大、市委办公厅和民政局做了通报。抚顺市的领导对雷锋的牺牲感到很痛心，对雷锋

1962 年 8 月 17 日下午 1 时，公祭雷锋同志大会在抚顺市望花区政府礼堂举行

的丧事非常重视。

8 月 17 日下午，公祭雷锋同志大会在望花区礼堂举行。抚顺市委、市人大、团市委的领导送来了花圈。沈阳军区和沈阳军区工程兵的首长前来参加吊唁。花圈摆的是里三层外三层，院里院外全是人。守灵人分两班，团首长是第一班，雷锋班战士和运输连干部为第二班。

下午 3 点，灵车从区委大院开出。摩托车、汽车作前导，雷锋班的四个战士抬着雷锋的棺椁。从望花到戈布烈士公墓，十里的路程，人山人海，人民群众自发地为雷锋送行。队伍相当庞大，有满头白发的老人，有满脸稚气的孩子，有工人、农民、学生、机关干部和各行各业的人。有的哭泣，有的默默不语。有的手里捧着鲜花，有的胸前戴着白花，有的臂上围着黑纱。他们不约而同地为一个仅有 22 岁的好人送行，他们多么想把雷锋永远留在人间，永远留在抚顺，永远留在自己的身边。

成千上万的群众自发地为雷锋送葬

雷锋的棺椁下葬在抚顺西部郊区的戈布烈士公墓，采用传统的下葬方式入土。棺椁安放在一米多深的地下。地面部分是葵花状拱顶圆形混凝土墓体，直径 2.5 米。

戈布烈士公墓地处西郊，比较偏远，老人和孩子前来瞻仰不方便。因此，1963 年 6 月，望花区人大代表向抚顺市人民政府提出搬迁雷锋墓的请求报告，从戈布烈士公墓搬迁到雷锋所在连队的驻地，即雷锋的牺牲地——望花公园。这一请求很快得到了批准，之后墓地进行了搬迁，即现在雷锋纪念馆院内的雷锋墓。

现在的雷锋墓占地 400 平方米，是梯形花岗岩墓。墓的主体上部是一整块灰色梯形花岗岩石，重 7.5 吨，下部是黑色磨光花岗岩基石。墓前是用汉白玉精雕的四季花环，斜嵌在黑色的花岗岩方石上。基座由黑色的花岗岩砌成。墓后有一座长 6 米、高 2 米的褐色花岗岩墓碑。碑的正面，是著名书法家舒同书写的六个金色大字“雷锋同志之墓”。碑的背面，是著名作家周而复书写的墓志铭。全文如下：

雷锋同志是中国人民解放军沈阳部队工程兵某部运输连四班班长。1940年12月18日生于湖南省望城县一个贫农家庭。解放前，他一家亲人相继死去，雷锋不满7岁便成为孤儿。解放后，他积极参加土地改革。1956年高小毕业，先后在安庆乡人民政府和中共望城县委当通讯员、公务员。1957年加入中国共产主义青年团。在参加根治沩水工程中，被评为工地模范。1958年到鞍山钢铁公司当推土机手。三次被评为先进生产者，五次被评为红旗手，18次被评为标兵。1960年1月参加中国人民解放军，在部队荣立二等功一次，三等功二次，团营嘉奖多次。同年加入中国共产党。1961年当选为抚顺市第四届人民代表大会代表。1962年8月15日以身殉职，年仅22岁。1963年，毛泽东等老一辈无产阶级革命家先后为雷锋同志题词，号召全国人民向雷锋同志学习。雷锋同志永远是我们学习的榜样。雷锋精神，永垂不朽！

在雷锋墓的周围，环绕着苍松翠柏；右侧是庄重、宏阔的抚顺市雷锋纪念馆；左前方是高耸、挺拔的“雷锋题词塔”；正前方是高大的拔地而起的雷锋塑像。人们在此纪念、缅怀、瞻仰雷锋，学习、发扬、传承雷锋精神。

1963 年 1 月 7 日，国防部正式命名沈阳军区工程兵十团运输连雷锋生前所在班为雷锋班

中华人民共和国国防部
批准授予工程兵第十团
雷锋班